# RAZONES
# PARA VIVIR

NUEVA ALIANZA - 168

25 ediciones en Editorial Atenas

Obras de J. L. Martín Descalzo
publicadas por Ediciones Sígueme:

- *Razones para la esperanza* (NA 165 y Bolsillo 2)
- *Razones para la alegría* (NA 166 y Bolsillo 3)
- *Razones para el amor* (NA 167 y Bolsillo 4)
- *Razones para vivir* (NA 168 y Bolsillo 5)
- *Razones desde la otra orilla* (NA 169 y Bolsillo 6)
- *Las razones de su vida* (Bolsillo 1)
- *Razones*, obra completa (NA 170)
- *Vida y misterio de Jesús de Nazaret* I, Los comienzos (NA 103)
- *Vida y misterio de Jesús de Nazaret* II, El mensaje (NA 104)
- *Vida y misterio de Jesús de Nazaret* III, La cruz y la gloria (NA 105)
- *Vida y misterio de Jesús de Nazaret*, obra completa (NA 114)
- *Apócrifo de María* (Pedal 212)
- *Diálogos de pasión* (Pedal 213)
- *Un cura se confiesa* (ED 19)

JOSÉ LUIS MARTÍN DESCALZO

# RAZONES PARA VIVIR

*CUADERNO DE APUNTES IV*

VIGESIMOSEXTA EDICIÓN

Ediciones Sígueme
Salamanca 2002

Cubierta diseñada por Christian Hugo Martín

© Ediciones Sígueme, S.A., 1999
C/ García Tejado, 23-27 - E-37007 Salamanca / España

ISBN: 84-301-1397-5
Depósito legal: S. 28-2002
Maquetación: Isabel Martín Macías y Andrés Vaquero
Impreso en España
Imprime: Gráficas Varona
Polígono el Montalvo, Salamanca, 2002

# ÍNDICE

| | | |
|---|---|---|
| | *Introducción* | 11 |
| 1 | Despierte el alma dormida | 15 |
| 2 | Conquistar la resurrección | 18 |
| 3 | La apuesta de ser hombre | 21 |
| 4 | Ser luz para los demás | 24 |
| 5 | Sólo un paso | 27 |
| 6 | Bienvenido a este mundo, pequeño | 30 |
| 7 | Matar con los ojos | 33 |
| 8 | Los dos tribunales | 35 |
| 9 | Las tres plenitudes | 37 |
| 10 | La puerta de la verdad | 39 |
| 11 | La oca de Nieves | 41 |
| 12 | El riesgo | 43 |
| 13 | Martirio a plazos | 45 |
| 14 | El arte de criticar | 47 |
| 15 | Detrás de las estrellas | 53 |
| 16 | El tutor | 55 |
| 17 | El ladrillo | 57 |
| 18 | Aprender a equivocarse | 59 |
| 19 | Gente encantadora | 61 |
| 20 | El caballo estaba dentro | 63 |
| 21 | La catedral abandonada | 65 |
| 22 | Demetrio, el monje | 67 |
| 23 | Veinticuatro maneras de amar | 69 |
| 24 | Libertad y obediencia | 71 |
| 25 | El imán y el hierro | 75 |
| 26 | ¿Electricista o poeta? | 77 |
| 27 | Regalar la sombra | 79 |
| 28 | El novicio sediento | 81 |
| 29 | La verdad es sinfónica | 83 |

| 30 | Basta una cebolla | 85 |
| 31 | Gente positiva | 87 |
| 32 | Tener razón | 89 |
| 33 | Un amigo fiel | 91 |
| 34 | Juventud sin mañana | 93 |
| 35 | El arte de dar lo que no se tiene | 95 |
| 36 | El mal del mundo | 97 |
| 37 | Los padres ancianos | 99 |
| 38 | Oración para pedir el buen humor | 101 |
| 39 | Los tres corazones | 103 |
| 40 | El sol de la vejez | 105 |
| 41 | Elogio de las bibliotecas | 107 |
| 42 | Tirarse los platos | 110 |
| 43 | Los hombres-bonsái | 113 |
| 44 | La soledad de los niños | 116 |
| 45 | Rebeldes de pacotilla | 119 |
| 46 | Dios en el ascensor | 122 |
| 47 | ¿Es rentable ser buenos? | 125 |
| 48 | Lo más precioso e importante | 128 |
| 49 | Una madre cansada | 131 |
| 50 | La monja gitana | 134 |
| 51 | San Martínez | 137 |
| 52 | Tolerancia y fanatismo | 140 |
| 53 | La música y el paraíso perdido | 143 |
| 54 | Gente aburrida | 146 |
| 55 | Bajar del éxtasis | 149 |
| 56 | Elogio del trabajo | 152 |
| 57 | La conciencia y el capricho | 155 |
| 58 | Hacer lo que se puede | 158 |
| 59 | Operación confianza | 161 |
| 60 | Derriba tus muros | 164 |
| 61 | Salvo en la casa de mi madre | 167 |
| 62 | Marcapasos del alma | 170 |
| 63 | La carcoma de la envidia | 173 |
| 64 | Las lentejas del hermano Rafael | 176 |
| 65 | El riñón del prójimo | 179 |
| 66 | «Cuando llega el arrabal de senectud» | 182 |
| 67 | Saber reírse | 185 |
| 68 | Silencio sobre lo esencial | 188 |
| 69 | Un vacío imposible de llenar | 191 |
| 70 | Peor que la muerte | 194 |
| 71 | Cambiar de camino, no de alma | 197 |
| 72 | Un niño retrasado | 200 |
| 73 | Época de transición | 203 |
| 74 | Echarle una mano a Dios | 206 |

| | | |
|---|---|---|
| 75 | Las tres vidas | 209 |
| 76 | Los pequeños detalles | 212 |
| 77 | Los dos rostros del dolor | 214 |
| 78 | El arco iris de la abuela | 217 |
| 79 | Cocinar como quien oficia | 220 |
| 80 | Los padres oprimidos | 223 |
| 81 | «Cuida de los niños» | 226 |
| 82 | Dos caramelos | 227 |
| 83 | ¡Tonta! ¡Tonta! | 229 |
| 84 | El caso Rambert | 231 |
| 85 | Las dos primeras comuniones de Loli | 233 |
| 86 | Milagro en un «pub» | 235 |
| 87 | La dama que quería padecimientos | 237 |
| 88 | El castigo de ver | 239 |
| 89 | Un estallido de felicidad | 241 |
| 90 | El aplauso de las raíces | 243 |
| 91 | El niño que quería ser un televisor | 245 |
| 92 | Las dos profesoras | 247 |
| 93 | Gente resucitada | 249 |
| 94 | «Gracias, muchas gracias» | 251 |
| 95 | Valle de lágrimas | 253 |
| 96 | Sólo semillas | 255 |
| 97 | Las ruedas del alma | 257 |
| 98 | Perdón y olvido | 260 |
| 99 | El miedo a fracasar | 263 |
| 100 | Vida «light» | 266 |
| 101 | La santa fea | 269 |
| 102 | Los malentendidos | 272 |
| 103 | La última castañera | 275 |
| 104 | «Unos espárragos, si los hubiera» | 278 |
| 105 | Oración a María de un hijo agradecido | 281 |
| 106 | El «Padre nuestro» de Dios | 284 |

# INTRODUCCIÓN

*Y van... cuatro. Cuando, hace ahora cuatro años, firmé la introducción de «Razones para el amor» me prometí ante mis lectores que aquella era la «tercera y última entrega» de mis razones. Lo creía y lo deseaba sinceramente, ya que, me parecía a mí, que con una trilogía y con cuatro años de artículos semanales en «Blanco y Negro», ya estaba bien. Tenía que concluir aquella sección periodística, que había empezado como un juego, pero que ahora me asfixiaba casi. Tenía yo la sensación de no tener ya nada que decir, de haber sido exprimido como un limón. Y todas las semanas me decía a mí mismo: «Este es el último artículo de la serie». Pero, el mismo día que hacía el propósito, llegaba la carta de uno o de varios lectores que pedían que −¡por piedad!− no dejara aquella serie que para ellos era un consuelo y un aliento indispensable. Yo, naturalmente, no me lo podía creer, pero tampoco podía dudar de su sinceridad, aun cuando viera en sus escritos más el cariño que la objetividad. Pero el resultado es que, por piedad o por lo que fuera, yo seguía sintiéndome obligado a seguir.*

*Así han continuado las cosas cuatro años más, doscientas y no sé cuántas semanas más. Y siempre con el mismo resultado −que a mí me sorprendía cada día más−: eran docenas, cientos los que me contaban que mi palabra era útil. Su amor me obligó a seguir trabajando. Haciéndolo lo mejor que yo sabía, tratando de estar a la altura del corazón de mis lectores, pero sin salir tampoco de mi asombro.*

Por otro lado, la vida de todo hombre va enriqueciéndose con el paso de los años si se sabe vivir despierto. Y tengo que confesar que la mía tuvo esa fortuna muy especialmente en los últimos cuatro años. Años especialmente difíciles. Me atrevería a decir que «progresivamente difíciles». Pero, precisamente por eso, años fecundos, enriquecedores, al menos para mí. Cuando concluía «Razones para el amor» hacía algunas semanas que habían comenzado mis sesiones de diálisis. En ellas sigo. Y últimamente mi corazón, que debía estar celoso de mis riñones, también empezó a hacerme perrerías (ahora me lo han domesticado con un marcapasos). Y resulta que, gracias a esas cuestas arriba (no soy tan vanidoso como para llamarlas «calvarios») he ido aprendiendo a ser más hombre.

¿Puedo detenerme ahora un minuto en esta introducción y contaros algo que hoy me conmovió hasta las lágrimas? Resulta que uno ha leído cientos de veces el evangelio pero, en cada una de las nuevas relecturas te encuentras algo que no habías sospechado. Y hoy, leyendo la historia de Pilato, me dije a mí mismo: ¿Te has fijado de «en qué momento formula el prefecto romano su famosa afirmación cristológica: 'He aquí al hombre?'». ¡Cuando le ve destrozado de golpes, con el rostro tumefacto de bofetadas, deshecho por la garra del dolor! ¿Es que el hombre solo empieza a ser hombre cuando ha pasado ya por la criba del dolor?

No me atrevo a contestar tajantemente a esta terrible pregunta pero sí quiero deciros que a mí el dolor me ha estirado el alma para entender un poco mejor las de los demás y, con ello, otorgarme los mejores gozos de mi vida.

Así pude seguir escribiendo ¡cuatro años más! Y ahora siguen siendo los lectores quienes me empujan a recoger en libro lo publicado. Todo sería imposible, pues haría un tomo cinco veces como el que tienes en tus manos. Queden aquí, al menos, los artículos que considero más significativos.

Y otra vez espero que este volumen sea el último de la serie. Aunque ya no me atrevo a asegurar nada.

# 1
# DESPIERTE EL ALMA DORMIDA

«Yo estaba tranquilo en mi mediocridad hasta que me resultó insoportable». Leo esta frase en la autobiografía de Robert Hossein, el cineasta francés, y me pregunto a mí mismo si esto de la mediocridad no será la mayor lacra de la Humanidad, de la que decía Ortega y Gasset que lo único que tiene de excelente es esa hache mayúscula con que la decoramos tipográficamente. ¿No es inevitable ser mediocre? ¿No tiene todo hombre clavada en la carne esa tendencia a vivir dormido tres cuartas partes de su vida?

No me refiero a aquella «aurea mediocritas» de la que hablaba Horacio, de ese no tener muchos deseos y contentarse con lo que se posee. Hablo de la mediocridad de alma, de esa terrible tentación de rutina y vulgaridad que nos rodea por todas partes.

Ya sé que la tensión permanente es imposible, que ni los genios lo son veinticuatro horas al día. Que con frecuencia hay que «descansar de vivir», que decía el poeta. Pero me pregunto si estos descansillos transitorios no se convertirán para muchos en una ley de vida, vuelta ésta una siesta interminable. Me pregunto si, como conclusión, no acabamos todos o casi todos los hombres siendo no seres humanos sino sólo muñones de hombres.

¿De qué mediocridad estoy hablando? De la de quienes no son ni buenos ni malos; de quienes más que vivir se limitan a dejarse vivir; de los que no tienen ilusiones, ni esperanzas y jamás aspiran a mejorar; de cuantos rebajan todo lo grande y prefieren arrastrarse, a escalar; de quienes desprecian todo lo que no está a su alcance y embisten –como dijo Machado– contra todo lo que no entienden; de los que intelectualmente se alimentan de lugares comunes que jamás revisan; de quienes no hablan sino de tonterías; de cuantos dicen que se aburren porque se han sometido a la rutina. De todos aquellos a quienes puede aplicarse la frase más dura de toda la Biblia, aquella en la que, en el Apocalipsis, dice el Espíritu al obispo de Laodicea: «Ojalá hubieras sido frío o caliente. Pero como no has sido ni frío ni caliente, sino tibio, comenzaré a vomitarte de mi boca».

Es cierto: la mayoría de los humanos se derrumban mucho más por la cuesta de la vulgaridad que por la del mal. Muchos iniciaron su juventud llenos de sueños, proyectos, de planes, de metas que tenían que conquistar. Pero pronto vinieron los primeros fracasos o descubrieron que la cuesta de la vida plena es empinada, que la mayoría estaba tranquila en su mediocridad, y decidieron balar con los corderos.

Porque el gran riesgo de la mediocridad es que se trata de una enfermedad sin dolores, sin síntomas muy visibles. Los mediocres son o parecen, si no felices, al menos tranquilos. Y en esa especie de ciénaga tranquila interior es muy difícil que esa mediocridad llegue a hacérseles –como a Hossein– «insoportable». Con frecuencia es necesario un gran dolor para que logremos descubrir cuán mediocres somos. Y hace falta un terrible esfuerzo para salir de la mediocridad y no regresar a ella de nuevo.

Ésta ha sido para mi una vieja obsesión. Recuerdo que en la primera novela que escribí se dibujaba a un cura –en el que en realidad me pintaba no a mí, pero sí lo que yo temía llegar a ser– que, en vísperas de su muerte, descubría que no había sido ni bueno ni malo, que comprendía que no había sabido realizar ninguno de sus deseos y soñaba que, después de su muerte, era condenado por Dios a un particularísimo purgatorio: recibía un gran saco de avellanas que representaban los días de su vida y se le castigaba a abrirlas una por una: todas estaba vanas y vacías.

Solemos decir: tengo cuarenta, cincuenta, sesenta años. He vivido, por tanto, tantos miles de días, tantos millones de horas. Pero si alguien examinase una por una, ¿a cuántas quedarían reducidas? Tal vez nos sentiríamos felices si hubiéramos vivido una de cada diez. Lo demás es sueño, siesta, horas pasadas en Babia.

¡Y luego se queja el hombre de que la vida es corta: y somos nosotros los que cloroformizamos nueve de diez partes!

¿Qué sería, en cambio, una Humanidad en la que todos sus miembros aprovechasen al ciento por ciento sus energías, una Humanidad de seres creadores, despiertos, amantes?

«Recuerde el alma dormida...», nos exhortaba el poeta, porque «la muerte se viene tan callando». Pero no es lo preocupante que venga la muerte, sino que sea la vida la que se marcha «tan callando». Tan callando, mientras nosotros dormitamos a la orilla del milagro.

## 2

# CONQUISTAR LA RESURRECCIÓN

En las primeras ediciones de este libro, en la portada, escribí unos versillos que tal vez desconcertaron a más de uno de sus lectores. Hablaba en ellos de que «hay que llenar nuestra vida y así dar muerte a la muerte». ¿Es que creo yo que a fuerza de vivir, de vivir a tope como ahora se dice, puede un hombre esquivar a la de la guadaña? ¿Es que creo que los «llenos» morirán «menos» o «más tarde» que los «mediocres»? Me parece que voy a tener que explicarme.

No hace mucho, en un acto juvenil, al que asistían nada menos que el papa, varios cardenales y unas docenas de obispos, un grupo de actores cantaba –seguramente para incitar a sus compañeros al compromiso social– que «Jesús tuvo que morir, pero su Padre le resucitó». Yo me quedé muy desconcertado pues, aunque entendía la buena voluntad de los cantores, aquella formulación me parecía bastante incompleta. En el credo católico no proclamamos que a Jesús «le resucitaran», sino que «resucitó», que –si se me permite la incorrección gramatical– «se resucitó a sí mismo», con su propia fuerza interior. A Jesús no «le sacaron» de la muerte, sino que «salió de ella».

Y uno se ha preguntado muchas veces por qué resucitó Jesús. Y la respuesta siempre es la misma: Porque Él era «la vida», porque estaba «tan vivo» que es imposible que la muerte hiciera presa definitiva en Él. Jesús era «el Viviente», el pleno de vida, tal vez el único ser humano que pudo presumir de vivir plenamente «a tope». Todos los demás «semivivimos», vivimos a trozos, a rachas, vamos trampeando entre la vida y la muerte, con largos periodos de vida muerta en nuestra existencia. Pero ¿es que la condición humana da para más? ¿No será consecuencia inevitable de nuestra contingencia, de nuestro papel de criaturas, ese vivir cojeando, tartamudeando, siendo, a ratos, hombres completos y, en muchas ocasiones más, hombres a medias?

Efectivamente. Esa es nuestra naturaleza. Por eso nosotros, con nuestras solas fuerzas, jamás podremos, en rigor, darle muerte a la muerte, tendremos necesidad de que Alguien nos sostenga, nos resucite.

Y, sin embargo, el gran milagro de nuestra condición humana es que nosotros podemos «colaborar» en esa resurrección. Por de pronto podremos conseguir que la muerte no llegue antes de la muerte. Porque hay muchos hombres que, porque se han hundido en su falta de ganas de vivir, se mueren mucho antes de morir, viven muertos una buena parte de su vida y, así, cuando la muerte llega, ya no tiene nada que hacer, porque le han dado su trabajo hecho. Demasiado, ¿no? Pienso que el hombre, puesto que huir de la muerte no puede, puede al menos pelear por conseguir los máximos niveles de vida en el tiempo que le haya sido designado.

Además, amando mucho viviríamos un poco más después de muertos. Yo puedo asegurar que mi madre o mi padre viven en mí, la mitad de las cosas que yo hago son «suyas», aunque sus manos sean hoy polvo, y los grandes escritores siguen viviendo en nosotros cada vez que los leemos. Y ahora, mientras Beethoven rueda en mi tocadiscos, ¿quién negaría que él vive en su música y en mí?

Es como en los trasplantes: el muerto que dona su corazón o sus riñones, sigue latiendo y purificando la sangre en el trasplantado. Es decir: sigue viviendo en alguien. Así todo acto de amor, toda obra bien hecha y perdurable es un trasplante de alma cedida a un desconocido, pero que vive con ella y de ella.

Son pequeñas resurrecciones, lo sé. La gran resurrección es la que nos «regalarán» al otro lado. Pero ¿por qué no conseguir esas pequeñas resurrecciones que son las que tenemos en nuestra mano?

Ea, amigos: «Hay que ir llenando el tiempo de algo que lo caliente», como dijo el poeta. Y –parodiando un poco al famoso villancico de Navidad– dejadme que os diga que «no la debemos dormir / la vida santa».

# 3
## LA APUESTA DE SER HOMBRE

En nuestro lenguaje cotidiano hay cosas realmente muy llamativas, y una de ellas es esa frase tan común con la que, ante cualquier fallo de alguien, comentamos: «Eso es muy humano». Alguien hace trampas en un examen o en un concurso y decimos: «Es muy humano». Otro defrauda al fisco y explicamos: «Es humano». Un hombre celoso hace la vida imposible a su mujer, y comentario al canto: «Es muy humano». Tras un fracaso, alguien se viene abajo y se sumerge en la amargura, y le compadecemos con un «es humano». Curiosamente llamamos «humanos» sólo a nuestros vicios y carencias. Incluso, a veces, ese «humano» se convierte en sinónimo de «animal». Parecería que lo propio del hombre es lo bajo, lo caduco, lo que le aleja de las cumbres. Pero ¡si realmente lo humano es lo que nos diferencia del animal! ¡Si lo humano es la razón, la voluntad, la conciencia, el esfuerzo, la santidad! Eso es lo verdaderamente humano.

Humana es la inteligencia que hace del hombre un permanente buscador de la verdad, un ser ansioso de claridad, un alma hambrienta de profundidad.

Humana es la voluntad, el coraje, el afán de luchar, el saber sobreponerse a la desgracia, la capacidad para esperar contra toda esperanza.

Humana es la conciencia que nos impide engañarnos a nosotros mismos, la voz que desde dentro nos despierta para seguir escalando, la exigencia que nos impide dormirnos.

Humano es el afán de ser mejores, el saber que aún estamos a medio camino, el señalarnos como meta la perfección aunque sepamos que nunca llegaremos a la meta total.

Todo eso es lo humano. Y difícilmente llegaremos a ser verdaderos hombres si empezamos por autodisculpar nuestros errores bajo la capa de que «son humanos».

Ser hombre, es cierto, es una aventura muy ambivalente. Pascal definía al hombre como «juez de todas las cosas; estúpida lombriz de tierra, depositario de la verdad, montón de dudas; gloria y desperdicio del universo». Sí, es todo eso y mucho más. Y por eso la verdadera aventura y gloria de los humanos es, precisamente, elegir entre esas cosas, sabiendo que podemos quedarnos en aquello que decía Baroja del hombre («un ser un milímetro por encima del mono, cuando no un centímetro por debajo del cerdo»), o ser precisamente esa «gloria del universo».

Y ¿cuáles son las claves de la apuesta? Literalmente: apostar por lo que el hombre tiene de animal o por lo que tiene de racional. Apostar por el egoísmo o la generosidad. Elegir entre una vida vivida o una vida arrastrada. Optar entre vivir despierto o vegetar. Empeñarse en realizar nuestros mejores sueños o masticar nuestros peores deseos. Pasar los años envejeciendo, pero sin madurar, o esforzarnos por madurar sin envejecer. Saber que –como decía A. Dumas– «el hombre nace sin dientes, sin cabello y sin ilusiones, y los más mueren sin dientes, sin cabello y sin ilusiones», o levantar tercamente la bandera de las ilusiones y saber que podremos perder todo menos el entusiasmo.

Y lo grave del asunto es que todo hombre tiene que hacer esas opciones y que cada uno tiene que hacer la propia, sin buscarse disculpas en que el mundo o las circunstancias no le dejaron.

Vivir, efectivamente, es apostar y mantener la apuesta. No apostar y dejar la apuesta en la primera esquina es, simplemente, morir antes de tiempo.

San Agustín, para ofrecer a los humanos el mejor de los piropos, decía que el hombre es «capax Dei», «capaz de Dios». Y efectivamente, lo que define el tamaño del alma es el ser «capaz de».

Capaz nada menos que de Dios, pero también capaz de un vacío que, precisamente por esa grandeza, sería casi infinito. ¿Hay en el universo tragedia mayor que un alma que se muere sin llegar a existir? ¿Qué aullidos no dará la naturaleza cada vez que se la obliga a prostituirse de necedad y vacío? ¡Es tanto lo que podemos ganar! ¡Tanto lo que podemos perder! Me asusta ser hombre. Me entusiasma y me asusta. A lo que no estoy dispuesto es a engañarme, a pensar que esto es un jueguecito sin importancia, que los años son unas fichas de cartón que nos dieron para ir entreteniéndonos mientras cae la tarde.

## 4
# SER LUZ PARA LOS DEMÁS

Con la muerte del poeta cubano Nicolás Guillén ha venido a mi memoria una coplilla suya que siempre me pareció un programa de vida formidable que ya me gustaría a mí haber realizado en mis años:

*Ardió el sol en mis manos,*
*que es mucho decir;*
*ardió el sol en mis manos*
*y lo repartí,*
*que es mucho decir.*

Efectivamente, es mucho poder decir de un ser humano que ha logrado esa doble maravilla: que el sol arda en sus manos y que haya sabido repartirlo. No sé cuál de las dos hazañas es más prodigiosa.

Naturalmente, cuando hablamos de que a alguien le arde el sol en las manos lo que estamos diciendo es que tiene la vida llena, radiante, que sus años han sido luminosos como antorchas, que tuvo una gran ilusión que dio sentido a sus horas, que estuvo vivo, en suma. Una gran hazaña, como digo. Porque, desgraciadamente, los más de los humanos pasan por la tierra apagados, sin tener nada que dar ni que decir, con sus almas como candiles sin luz. Sólo los santos, los genios, los grandes amantes, tienen el sol en las manos. Son personas que, cuando pasan a nuestro lado, dejan un rastro en nuestro recuerdo, en nuestras vidas. Porque tienen luz, porque sus almas están llenas y despiertas.

¿Y por qué ellos tienen luz y la mayoría no? No, desde luego, por instinto ni por nacimiento. Sólo tiene luz el que ha ido recogiéndola, cultivándola. La luz, la belleza, están en el mundo, pero hay que ir sabiendo recogerlas. Y hay que empezar por tener las manos abiertas y no como los egoístas, cerradas, empuñadas. Todo el que tiene la luz en sus manos la tiene por su mérito y esfuerzo. Y, naturalmente, no se conquista en un solo día: se van acumulando trozos de luz, pedacitos de amor. El alma sólo brilla después de muchos años de esfuerzo de recogida. ¡Pero qué milagro morirse con el alma encendida! «Es mucho decir», como canta el poeta.

Pero el milagro dos es saber repartir esa luz. La luz es algo que, por su propia naturaleza, es para compartir y repartir. No se da a los hombres para meterla bajo el celemín, sino para ponerla sobre el candelero y que alumbre a todos los de la casa y del mundo. A nadie se le da el alma para sí solo. Aunque haya muchísimas personas que se mueren sin haber llegado a descubrir esta enorme verdad. Estos son los genios malogrados, doblemente más tristes que los que tienen almas apagadas. Porque, ¿hay algo más absurdo que tener una vida llena y creerse que se tiene para chupetearla privadamente como un helado? Los que son pobres (pobres de alma) y egoístas, son más pobres que malos. Los ricos (ricos de alma) y egoístas, ésos son la misma esterilidad.

Hay que repetir esto hasta que se entienda: la fraternidad, el amor, la entrega, no son cosas añadidas para que un hombre sea santo o perfecto. Son la sustancia del hombre. El hombre como individuo solitario no es hombre del todo. El hombre es hombre cuando vive en comunidad y para la comunidad. Cuando sirve a alguien. Cuando ama a alguien. Entonces es cuando nace como ser humano.

Goethe lo explicó con una frase definitiva: «Sólo entre todos los hombres llega a ser vivido lo humano». Es decir: ninguno de nosotros agota por sí solo la condición humana. Juntos, sí. Abiertos, sí. La luz del alma sólo es luz cuando es repartida, compartida.

Tillich, el teólogo, también lo explicó muy bien: «En el mundo sólo existimos en virtud de la comunidad de hombres. Y sólo podemos descubrir nuestra alma mediante el espejo de quienes nos observen. No existe ninguna profundidad en la vida sin la profundidad del bien común».

Los genios son genios no por lo que producen, sino por lo que proyectan, por lo que reparten. Un genio no es un hombre que tiene el alma muy grande, sino un hombre de cuya alma podemos alimentarnos. En los santos la cosa es aún más clara: son santos porque no se reservaron para sí, sino que se entregaron a todos cuantos les rodeaban.

Por eso, qué bien si, como dice el poeta, pudieran decir de nosotros que teníamos el sol en nuestras manos y que nos dedicamos a repartirlo a rebanadas. Entonces habríamos estado verdaderamente vivos.

# 5
# SÓLO UN PASO

Hay un pequeño poema-oración del cardenal Newman que me voy a permitir copiar aquí y ahora para mis lectores:

*Guíame, luz bondadosa,
las tinieblas me rodean,
guíame hacia adelante.
La noche es densa,
me encuentro lejos del hogar,
guíame hacia adelante.
Protégeme al caminar,
no te pido ver claro el futuro,
sólo un paso, aquí y ahora.*

«Sólo un paso». ¿Por qué será que esta oración me recuerda tanto el Padrenuestro? Siempre me ha maravillado que Jesús, cuando enseñó a rezar a sus discípulos, les invitara a pedirle a Dios sólo «el pan para hoy», como dice el texto original. No que les resuelva para siempre sus problemas. No que llene sus graneros. Sólo el pan para hoy, estrictamente para hoy.

Y no es, como decía el humorista, que no pidamos el pan para más días porque se nos pondría duro, sino que Dios quiere que nos acostumbremos a vivir en sus manos, dejados a su providencia, abandonados de tal modo que no soñemos en almacenar seguridad, virtud, perfección, sino que le pidamos sólo la ración para hoy, seguros de que mañana nos dará la de mañana. Dios sabe que, si tuviéramos todo resuelto para meses, para años, nos acostumbraríamos a pensar que no le necesitamos, que eso que hay en el granero es «nuestro». Basta, pues, el pan para hoy.

Como basta un poco de luz para dar ese paso que hoy tenemos que dar. Sería mucho más bonito, más tranquilizador, que nos hiciera «ver claro el futuro». Pero, en realidad, eso no es necesario: basta la luz para hoy, para el paso de hoy.

Todo esto que estoy diciendo del campo del sobrenatural me parece que también es aplicable a todos los de la vida humana.

La mayoría de los humanos vive entre tinieblas. ¿Qué sentido tiene su vida ¿Será corta, larga? ¿Por qué el dolor? ¿Por qué tanto sufrimiento en este mundo? ¿Y todo no tendrá más desenlace —más desaguadero, más bien— que la muerte? La noche de la Humanidad es densa. Y daríamos todo por ver claro nuestro futuro. Si Dios nos explicara que nuestros dolores van a servir para algo, sufriríamos más serenamente. Si Dios nos aclarara cómo será de feliz nuestro matrimonio, qué será de nuestros hijos, cuánto durará nuestra aventura sobre la tierra…

Pero éstas son preguntas que nadie nos contesta. Y son muchos los que, entonces, se acobardan, se enroscan en su propia alma y ya no se atreven a caminar.

Es un error. Porque para caminar basta la luz para hoy y la confianza para mañana. El hombre debe caminar porque ésa es su obligación, ir adelante porque ése es el deber. Y debe hacerlo tanto si tiene luz como si no la tiene. En todo caso, le basta con tener la luz para el paso de hoy. ¡Y ay del que, por miedo a no tener luz mañana, deje de dar el paso de hoy: se está autocondenando a la muerte!

Desgraciadamente son en el mundo muchos más los que temen el futuro que los que viven con coraje el presente. A la gente le encanta lo que yo llamo «sufrir por hipótesis»: ¿Y si me quedo sin trabajo? ¿Y, si…? Y tanto se angustian por lo que podría pasarles –y que, luego, normalmente no les pasa nunca– que antes de que lleguen los dolores ya los han sufrido una docena de veces.

El hombre –pienso yo– debe, desde luego, hacerse planes de futuro, porque sin ellos difícilmente se construye, pero, después, dedicarse apasionadamente a dar los pasos de hoy, confiando en que mañana volverá a tener unos nuevos centímetros de coraje para seguir luchando.

Un paso, sólo un paso. No construye una catedral más que el que pone una o dos piedras cada día. No se ama todo de golpe: cada día tiene su pequeño amor. Y sólo con muchos pequeños pasos de pequeño amor se logra atravesar la noche.

# 6
# BIENVENIDO A ESTE MUNDO, PEQUEÑO

Cuando escribo estas líneas acabas de llegar a este mundo, pequeño. Y yo pienso que ningún otro humano en este siglo ha merecido tanto la bienvenida como tú. Hoy, los periódicos publican tu fotografía: acurrucadito en tu cuna, arrugada la pequeña nariz, pegados los ojos, apretados los puños como si con ello tuvieras que sujetar bien esa vida que te ha costado tanto y que alguien te quiso arrebatar antes de nacer. Hace cinco meses —exactamente el 22 de noviembre— una bomba asesina colocada junto a un cuartel de la Guardia Civil, no contaba con que, a aquellas horas de la madrugada, pasarías tú, dulcemente embutido en el seno abombado de tu madre. ¿Llegaste a enterarte de lo que aquella noche pasó? Los científicos aseguran que, a los cuatro meses, toda la sensibilidad de las criaturas en gestación está ya plenamente despierta. Lloráis, reís, soñáis, ¿Supiste tú que aquella explosión había segado para siempre la vida de tu hermano Luis —¡cuánto habría gozado viéndote hoy nacer!— y ponía en gravísimo peligro la de tu madre y la tuya propia?

¡Qué bien estabas aquella noche en aquel seno caliente! Es verdad que toda la ciencia de todos los siglos no ha logrado fabricar algo que, ni de lejos, se parezca a un seno materno. Allí te sentías caliente, protegido, seguro. ¿Seguro? En la oscura tiniebla interior, entre las rojas almohadas, no había amenazas. Sólo amor. Tu madre te alimentaba con su sangre. Te acariciaba con sus sueños. Ella y tu padre sabían que tú eras e ibas a ser lo mejor de sus vidas. Ninguna amenaza, pues, contra ti en este mundo en el que —¡ay!— no todos los pequeños de tu edad están seguros contra el egoísmo y el bisturí. Y si es que dentro se sueña, soñabas tal vez en un mundo milagroso que te esperaba, porque, sin duda, desde el seno materno el mundo debe de oler a paraíso, a jardines y pájaros.

Y en la serena noche llegó el espanto. Tus asesinos –porque fueron asesinos aunque no lograsen matarte a ti– estaban cobardemente agazapados esperando que el coche de tu padre pasara por aquella calle para tronchar tu carne, como de hecho hicieron con tu hermano Luis. ¿Qué daño les habías hecho? ¿Qué tenían aquellos hombres (?) contra los dos añitos de tu hermano y los cinco meses tuyos? ¿Eras su «enemigo»? ¿Ponías tú en peligro sus vidas, sus ideas o su libertad?

Estalló la bomba y vuestro coche fue lanzado por los aires contra los otros coches que pasaban. La metralla –que no tiene más conciencia que quienes la utilizan– traspasó cristales y carrocería y allí se encontró con los cuerpos de tu hermano y de tu madre y salvajemente los destrozó. ¿Y tú? Tú, a quien tanto habían mimado en aquellos cinco meses anteriores; tú, que eras tan sagrado para tu madre que, para protegerte, ni a coger peso se atrevía; tú, soñado, deseado, esperado. ¿Qué experimentaste cuando te lanzaron, sacudieron, golpearon contra los asientos dentro de tu madre malherida? ¿Te enteraste de algo? ¿Descubriste, por primera vez, que en este mundo los hombres se empujan, se golpean, se hieren, se acuchillan?

En el sanatorio temieron por tu vida más incluso que por la de tu madre. ¿Cómo tú, tan débil, tan inerme, podrías soportar el golpe de aquella salvajada? Nadie sospechaba entonces que tú pudieras ser tan fuerte como un acorazado. La carne de tu madre fue tu blindaje, tu defensa, Las madres –ya lo irás descubriendo más tarde– están asombrosamente bien hechas. No existe en el mundo coraza más fuerte que su amor. Y gracias a ello salvaste esa vida que tan pronto querían arrebatarte.

Por eso tú, pequeño, me pareces hoy la mejor bandera de esperanza del mundo. Si tú, diminuto, eres más fuerte que los violentos, es señal de que en el mundo el bien tiene algunas posibilidades de vencer. ¿Y cómo vamos a rendirnos nosotros ante los desalmados si tú tuviste ya tanto coraje, incluso antes de nacer? ¡Qué canto a la fuerza de la vida tu carne! ¡Qué relámpago amarillo nos llega desde arriba a través de tus ojos! Ya sé que tu vida vino acompañada por la muerte de tu hermano Luis y sé que ni tú –tan milagroso– eres capaz de «contrapesar» aquella muerte. Nadie suple a nadie. Pero tú traes tanta vida que parece ser muy superior a todas las muertes.

¿Sabes? Me gustaría que hoy tus asesinos pudieran ver tu foto en los periódicos o, mejor, que pudieran acercarse a tu cuna. Y que, ante tu cuerpo sagrado, se preguntasen si puede haber algo más importante, más solemne, que tu pequeña carne dormida. Estoy seguro de que, ante tus puñitos apretados, se les caería el alma. Si es que la tienen.

Pero ahora tengo yo también que confesarte que hay algo que me aterra: lo que tú vas a pensar de este mundo cuando puedan contarte lo que aquella noche ocurrió, cuando te expliquen cómo y por qué tú eres un hijo del milagro. Tardarás seguramente muchos años en saberlo. Y a lo mejor sería preferible que no lo supieras nunca. Pero, inevitablemente, lo sabrás: tu historia es demasiado importante para que te la hurten. Y entonces, cuando con doce o trece años, empieces a ser capaz de entender lo ocurrido, ¿qué pensarás de la raza humana que puede recibir así, con metralla, a un hijo de Dios, a un pequeño miembro de su progenie?

Yo quiero pedirte, suplicarte, pequeño, que entonces no nos odies. Que trates de entender, si es que puedes, que la violencia es parte de nuestra historia; que en algún rincón de nuestros corazones hay una zona podrida; que hay entre nosotros quienes todavía prefieren la locura de las ideas a una vida como la tuya; que los demás –los que nos atrevemos a llamarnos buenos y no violentos– aún no hemos aprendido ni las primeras letras del alfabeto del amor. Esto es ser hombre, muchacho. Esta tristeza. Perdónanos por ello, si puedes, pequeño. Y lucha obstinadamente por ser feliz, porque nadie tiene tanto derecho como tú a serlo. Tal vez entonces entiendas por qué experimentamos a la vez tanta alegría y tanta vergüenza al darte hoy la bienvenida a este mundo que apenas merece aun llamarse humano.

# 7
# MATAR CON LOS OJOS

Ya sé que a veces cuento en mis libros historias que parecen fábulas. Fábulas que –pensará alguien– me invento yo para sacar tal o cual moraleja. Pero la verdad es que no necesito inventar nada. Le basta a uno abrir los periódicos para encontrarse a diario historias escalofriantes. Como la de Jacques Volney, que hace días conmovió a los franceses.

Jacques era alguien a quien casi todo le había ido bien en la vida, como suele decirse: hijo de familia adinerada, poseía una buena cultura y no tenía problemas en su futuro. Y sin embargo, a Jacques no le gustaba vivir. Desde que empezó a tener uso de razón, la vida le resultaba una carga terrible. Vivía encerrado en su casa, tenía miedo a salir de ella, miedo de los demás, miedo –sobre todo– de sus miradas. No, no es que la gente fuera mala con él. Sólo es que le miraban y se reían. Ya lo he dicho: a Jacques «casi» todo le había ido bien. Sólo tenía un problema: era jorobado.

La suya era una joroba graciosa que incitaba más a la broma que al desprecio. Y cuando Jacques caminaba por la calle no podía dejar de percibir las miradas de la gente, unas miradas irónicas que a él se le clavaban como puñales. Los niños le gritaban: «¡Cheposo, cheposito!». Los mayores, entre cariñosos y crueles, le decían: «Déjanos tocarte, nos darás suerte». Y entonces, Jacques se escabullía o se encerraba en su casa. Para llorar. Porque se daba cuenta de que en este mundo, para poder vivir cómodamente entre los demás, hay que ser como los demás. Porque en el mundo no hay sitio para los que son distintos.

Hace días, Jacques se cansó de su soledad. Compró en una farmacia un tubo de tranquilizantes. Quería dormir, dormir, dormir. Y olvidar su joroba.

Pero antes de realizar su decisión, como Jacques no odiaba a quienes tan larga y lentamente le estaban asesinando con sus miradas, quiso que su desgracia no fuera del todo inútil. Se acercó a un hospital y donó sus ojos. Para que, al menos, al descender él a las tinieblas, pudiera darse luz a un ciego. Para que de su desesperación naciera una esperanza. Para devolver bien con sus ojos a un mundo que, con sus ojos, tanto le había acosado. Y, antes de tomarse el tubo entero de tranquilizantes, telefoneó al hospital para que supieran que podían disponer ya de sus córneas.

Cuento la historia tal y como la he leído. Sin adornos. Sin moralejas. ¿Es que las necesita? Supongo que no. Porque es muy fácil llamar «asesinos» a quienes empuñan un cuchillo o una pistola, sin darnos cuenta de que se puede matar con el cuchillo de unos ojos irónicos, a disparos de desprecio y desamor, a golpes de soledad, sin percibir que tal vez entre todos somos los carceleros que encerramos en la cárcel del abandono a quienes simplemente han «cometido el delito» de ser diferentes a los demás. Sin descubrir que, en los más de los casos, la amargura se convertirá en odio y les hará falta un gran suplemento de amor para, como el jorobado de París, ofrecer, a pesar de todo, bien por mal.

# 8
## LOS DOS TRIBUNALES

El famoso misionólogo francés P. Charles contó en una conferencia pronunciada en Burgos la historia de una curiosa discrepancia entre dos tribunales de justicia. La cosa ocurría en Senegal, cuando el país estaba aún bajo dominación francesa y existía un doble tribunal para entender las causas de los africanos. Un negro que, al pasar junto a una finca, se atrevió a entrar y coger algunos frutos para dárselos a su mujer, fue condenado como un ladrón por el tribunal francés. El negro apeló entonces al tribunal indígena, que reestudió a fondo el caso y, ateniéndose al viejo código tradicional, pronunció sentencia condenatoria contra el propietario de la finca, porque cuando el negro, antes de robar, le pidió alimentos para su mujer encinta y a punto de caer extenuada, se negó a prestar el auxilio a alguien que precisaba indispensablemente su ayuda.

Creo que no he dicho que el primer tribunal estaba formado todo él por civilizadísimos europeos, mientras que el segundo lo formaban semianalfabetos africanos. Creo que tampoco he dicho que los miembros del primer tribunal eran en su totalidad cristianos (o presuntos cristianos), mientras que el segundo se regía por un código pagano.

Y ahora habrá que preguntarse quiénes eran, de veras, los civilizados y quiénes realmente los que vivían el Evangelio de Cristo. Porque –como escribe Cabodevilla comentando esta anécdota– resulta que «a la hora de exaltar las excelencias y los méritos de la caridad enseñada por Cristo hay, desgraciadamente, que distinguir cuidadosamente entre la caridad cristiana y la caridad de los cristianos». Porque con demasiada frecuencia nuestras maneras de interpretar el Evangelio son simples calumnias de ese Evangelio que queremos aplicar. En cambio, por fortuna, también descubrimos que a veces las semillas del verdadero Evangelio han dado sus frutos auténticos en almas que creían no conocerlo.

Y así es cómo toda nuestra civilización está montada sobre unas leyes que protegen la mitad de la justicia: te castigan si quitas algo a tu prójimo, pero no si injustamente haces tuyo exclusivo algo a lo que todos deberían tener derecho. Te llaman delincuente si hieres a tu vecino con una navaja, pero no si le haces la vida imposible con tus injustas recriminaciones. Te llaman violador si abusas físicamente de una mujer, pero te proclaman «listo» si simplemente la engañas con tus mentiras. Te califican de vago si no tienes oficio ni beneficio y te envidian si conoces bien las trampas para no dar golpe en tu trabajo. Te llevan a los tribunales si firmas un cheque sin fondos, pero no si toda tu vida está montada sobre la mentira.

Por fortuna hay siempre un tribunal de apelación que es, en esta tierra, la instancia de la propia conciencia y, en la otra vida, el juicio de Dios. Ahí estudiarán mejor la causa. Y tal vez condenen a los que en este mundo eran aplaudidos.

# 9
# LAS TRES PLENITUDES

En este cuadernillo se ha predicado ya muchas veces algo que es una de mis obsesiones: el miedo a que una gran parte de seres humanos estén vacíos de alma, sean gentes inconclusas, muñones de hombre, seres sin terminar o, incluso, sin construir. Creo que no exagero: un alto porcentaje de personas se detuvieron un día a medio camino, pensaron que ya estaban «realizadas» y se dedicaron a vegetar, sin descubrir siquiera que su alma era un tonel semivacío. Realmente en el mundo hay bastantes menos «hombres» de los que registran las estadísticas: se quedaron a medias, atascados en su adolescencia, como una fruta a medio hacer.

Pero últimamente a esta preocupación se ha añadido otra: los que están llenos, ¿para qué lo están? ¿Para qué sirve su plenitud?

Esta preocupación me viene desde aquel día en el que, leyendo a san Alberto Magno, me encontré una frase terriblemente reveladora. Habla el santo de que existen tres géneros de plenitudes: «La plenitud del vaso, que retiene y no da; la del canal, que da y no retiene; y la de la fuente, que crea, retiene y da». ¡Qué tremenda verdad!

Efectivamente, yo he conocido muchos hombres-vaso. Son gentes que se dedican a almacenar virtudes o ciencia, que lo leen todo, coleccionan títulos, saben cuanto puede saberse, pero creen terminada su tarea cuando han concluido su almacenamiento: ni reparten sabiduría ni alegría. Tienen, pero no comparten. Retienen, pero no dan. Son magníficos, pero magníficamente estériles, Son simples servidores de su egoísmo.

También he conocido hombres-canal: es la gente que se desgasta en palabras, que se pasa la vida haciendo y haciendo cosas, que nunca rumia lo que sabe, que cuanto le entra de vital por los oídos se le va por la boca sin dejar poso dentro. Padecen la neurosis de la acción, tienen que hacer muchas cosas y todas de prisa, creen estar sirviendo a los demás pero su servicio es, a veces, un modo de calmar sus picores del alma. Hombre-canal son muchos periodistas, algunos apóstoles, sacerdotes o seglares. Dan y no retienen. Y, después de dar, se sienten vacíos.

Qué difícil, en cambio, encontrar hombres-fuente, personas que dan de lo que han hecho sustancia de su alma, que reparten como las llamas, encendiendo la del vecino sin disminuir la propia, porque recrean todo lo que viven y reparten todo cuanto han recreado. Dan sin vaciarse, riegan sin decrecer, ofrecen su agua sin quedarse secos. Cristo –pienso– debió de ser así. Él era la fuente que brota inextinguible, el agua que calma la sed para la vida eterna. Nosotros –¡ah!– tal vez ya haríamos bastante con ser uno de esos hilillos que bajan chorreando desde lo alto de la gran montaña de la vida.

# 10
# LA PUERTA DE LA VERDAD

El más hermoso discurso que oí pronunciar a Pablo VI –y le escuché muchos excepcionales– fue el de un 25 de enero, en la Jornada de la unidad. El papa Montini, que era amigo de las grandes parábolas, contaba la historia de Berdiaef, el pensador ruso, aquel día en que visitó uno de los más famosos monasterios ortodoxos, construidos, según la vieja tradición, con un bellísimo claustro central sobre el que se abrían, todas iguales, las puertas de las celdas de los monjes. Todas iguales, distinguidas únicamente por el nombre de un santo diferente sobre el dintel. Berdiaef había sido recibido la tarde anterior con la exquisita delicadeza de los monjes orientales que le trataban como uno más entre ellos y le conducían a la celda monacal en la que debía vivir, como un compañero, mientras permaneciera en el monasterio.

Cuando llegó la noche, el silencio descendió sobre el monasterio. Cada monje ingresó en su celda y la paz se hizo dueña de claustros y pasillos. Era una noche cerradísima. Ni la luna brillaba en el cielo. Y Berdiaef sentía caliente su corazón: pensaba que un equilibrio así no se conocía en este mundo, y, como no lograba dormirse, decidió pasear un rato por el claustro, cuya belleza tanto le había impresionado. Ahora estaba envuelto en tinieblas, pero la serenidad respiraba en él como un gigantesco corazón. Se sintió lleno y feliz. Y perdió la cuenta de las vueltas dadas por el ancho recinto.

Cuando al fin se sintió dominado por el sueño, descubrió el problema con el que tenía que enfrentarse: era imposible distinguir la puerta de su celda, siendo como eran todas idénticas. En la noche cerrada era completamente imposible distinguir los nombres de los santos que las diferenciaban. Y no sabía dónde podrían estar las llaves de la luz. ¿Tendría que despertar a uno de los monjes? Su caridad se lo impedía. Y sólo tenía la solución de continuar dando vueltas y vueltas al claustro hasta que la mañana llegase.

Entonces, sí; la salida del sol le dio luz suficiente para distinguir su puerta de las demás. Había girado en torno a ella, había pasado ante ella docenas de veces sin llegar a verla, y ahora, ahí estaba facilísima y evidente. Gracias a la luz.

Así –comentaba Pablo VI– nos ocurre a los hombres con la verdad. Vivimos encerrados en la noche del mundo y con frecuencia nos es casi imposible distinguir la verdad de la mentira. Giramos y giramos ante la puerta de la verdad, pasamos docenas de veces por delante de ella. Pero sólo la llegada de la luz –de la luz de Cristo, decía el papa– nos permitirá distinguir la puerta de la verdad de tantas puertas parecidas y engañosas.

Es cierto. No es que la verdad esté lejos. Es que con frecuencia estamos ciegos de egoísmos y de cobardías. Pasamos y pasamos ante la que podía ser la puerta de nuestra dicha. Y nos agotamos dando vueltas en torno a ella sin verla. No es que la felicidad esté escondida o lejana. Es que no sabemos distinguirla, mientras giramos en el aburrimiento.

## 11
## LA OCA DE NIEVES

A una amiga le regalaron hace unas cuantas semanas una oca. Y, para que no se les escapara, la pusieron en el jardín, atándole una pata a un hermoso eucaliptus y le colocaron cerca una palangana con agua para que bebiera. Pero el animal era lo suficientemente patoso como para meterse en ella cada vez que bebía y para terminar derramando el agua constantemente. ¿Solución? Atar al animal por el cuello con una cuerda y, luego, colocar el depósito a la suficiente distancia para que la oca pudiera llegar justamente al agua alargando mucho el cuello. Y ahí tenéis al animal estirándose desesperadamente para poder beber.

Cuando pasaron unos cuantos días y se pensó que la oca estaba ya domesticada, la soltaron, y vieron con asombro que, acostumbrada a beber estirando el cuello, en lugar de acercarse a la palangana para beber cómodamente, se ponía a distancia suficiente para llegar justamente con el cuello alargadísimo.

Viéndola el otro día, entre risas, pensaba yo en todos esos seres que han estado alguna vez atados y que cuando consiguen la libertad continúan con los vicios, los miedos y las costumbres de cuando les faltaba. Sí, el mundo está lleno de ocas como la de mi amiga Nieves.

En España el «síndrome de la oca» se ha convertido en un vicio nacional. Acostumbrados a autocensurarnos, aún escribimos los periodistas con lenguajes alusivos. Los políticos han heredado en la sangre el autoritarismo. Y todos preferimos beber la papilla que nos sirven los telediarios en lugar de tratar de formarnos nuestra propia opinión sobre las cosas.

Pero aún ocurre más en el campo de las personas. Son muchísimos los que a los cuarenta años no parecen haber abandonado psicológicamente las faldas de su mamá. Tiemblan ante una decisión arriesgada. En caso de duda apuestan siempre por lo más cómodo y lo más seguro. Por miedo de pegarse un batacazo, jamás se lanzan a ninguna aventura. Piensan «como está mandado» (es decir: no piensan), viven como los demás porque siempre son más tranquilos los caminos de siempre que los personales.

Y lo peor es que esta tendencia al autoarrinconamiento suele crecer con los años. Otra amiga, a la que yo hablaba un día de la paz interior, me escribe así: «Mi paz interior es la de las remolachas, bien enterradita, dulce y para alimentar sólo a sus propias hojas. No es paz, es cobardía. Cada vez me asusta más exponerme a nada que me complique la vida y así es fácil tener paz. A fuerza de ser vulnerable y por instinto de conservación, me he ido enterrando más y más. Nadie me hace daño, pero yo no hago bien a nadie. No vivo: vegeto. Si miro atrás, no sé cómo me he ido acobardando tanto, ni encerrándome tanto en un círculo tan ridículamente pequeño».

Yo creo que mi amiga exagera. Porque lo malo de las ocas cobardes es que ni se dan cuenta de lo que son. Dársela es ya un modo de caminar. Pero es cierto que la vida es demasiado apasionante para dejarnos encadenar por la rutina, limitándonos a beber de la vida desde lejos, cuando está ahí, a nuestro alcance, como un agua abundante y fresca.

## 12
# EL RIESGO

Leo en la vida de san Ignacio un diálogo entre el fundador de los jesuitas y el padre Laínez que me resulta profundamente iluminador:

—Si Dios —pregunta san Ignacio— os propusiera este dilema: ir ahora mismo al cielo, asegurando vuestra salvación, o seguir en la tierra trabajando por su gloria y comprometiendo así cada día la salvación de vuestra alma, ¿qué extremo elegiríais?

—El primero, sin duda —responde Laínez.

—Yo el segundo —replica Ignacio—. ¿Cómo creéis que Dios va a permitir mi condenación, aprovechándose de una previa generosidad mía?

Estoy, claro, con san Ignacio. Estoy por el riesgo y contra la seguridad. Estoy por la audacia frente a la comodidad. Creo más humano el atrevimiento que la renuncia sistemática al combate.

El riesgo es parte sustancial de la condición humana. No se puede en este mundo hacer nada serio sin exponerse, con frecuencia, al fracaso. Y, desde luego, la única manera de no equivocarse nunca —es decir, de equivocarse siempre— es renunciar a toda aventura por pura cobardía.

Creo que la obsesión por la seguridad es uno de los más graves obstáculos para realizar una vida. No excluyo, claro está, la prudencia, las mejores circunstancias, la reflexión antes de la acción, el saber elegir para emprenderla. Pero me resulta insoportable esa falsa prudencia que termina por ser paralizante.

Por eso yo siento poca simpatía por quienes colocan la seguridad ante todo en su vida. Vienen a veces muchachos a preguntarme por su vocación y algunos me dicen: ¿Pero cómo estaré yo «seguro» de que Dios me llama? A éstos siempre les respondo: Tú no tienes vocación y no la tendrás nunca mientras partas del concepto de seguridad. En toda vocación, en toda empresa, hay un componente de riesgo. Y el que no es capaz de arriesgarse un poco por aquello que ama, es que no ama en absoluto. Todas las grandes cosas son indecisas; se ven, pero entre tinieblas; hay que avanzar hacia ellas por terreno desconocido: por eso toda vocación, toda empresa seria tiene algo de aventura, de apuesta. E implica audacia y confianza.

No estoy apostando, naturalmente, por la irreflexión, por la frivolidad, por el aventurismo barato. Pero sí quiero decir que todo amor lleva algo de «salto en el vacío»: uno se arroja hacia aquello que ama y está seguro de que ese salto no será una locura, porque uno nunca se equivoca cuando va hacia aquello que merece ser amado.

La vida merece ser amada. Y lo merece a pesar de que uno sabe de antemano que se recibirán en ella muchas zancadillas, que no escasearán los tropezones. Pero si uno tiene miedo a tropezar alguna vez, más le vale no levantarse de la cama por la mañana. Entonces se consigue no sufrir. Porque ya se está muerto.

# 13
## MARTIRIO A PLAZOS

Desde el mismo corazón de África me escribe una amiga misionera que me dice cosas que me hacen pensar. Habla del sentido que ella atribuye a su existencia y escribe:

«Yo amo a mis hermanos, a mis amigos, como a mi misma vida, mejor dicho: como a Cristo, que es más amado que mi misma vida. Antes yo pedía en mi oración el martirio, pero de algún tiempo acá, me apasiona verdaderamente dar la vida por Cristo en el amigo, en el hermano. Porque el martirio es dar la vida por la fe, pero morir por 'Cristo en directo' es apasionante, porque Cristo es más que la fe. Aunque no sé si todas estas cosas mías son muy ortodoxas. En todo caso, yo no encuentro sentido a la vida si no es para darla. Morir sólo porque sí, ¿no le parece muy sin sustancia?».

Yo tampoco sé, amiga mía, si esas frases son muy ortodoxas en el sentido técnico de la palabra. Pero lo que sí me parecen son muy cristianas y muy sensatas.

Y tengo que comenzar por decirle que también yo tengo desde hace mucho una seria desconfianza ante los «sueños de martirio». De muchacho también los tuve yo. Con mis dieciséis años me veía en las selvas de la India enfrentándome con los tigres de Bengala o en las africanas, luchando con los hechiceros, o cayendo como un mártir más bajo las balas en la guerra que viví de niño.

Con el paso del tiempo me fui dando cuenta de que esos sueños eran una especie de coartada para no luchar con la realidad. Como me sentía héroe en mi imaginación, ya no era necesario trabajar tanto en la vida de cada día. Y, poco a poco, dejé de pedir el martirio cruento en mis oraciones. Entre otras cosas, porque para que haya un mártir tiene que haber también un matador y yo aspiraba a un mundo en que nadie matase a nadie.

Por eso mi oración cambió. Y le decía a Dios: «Si Tú quieres mi muerte, dame, cuando llegue, la fuerza para ponerla en tus manos. Pero mejor es que me ayudes a poner en tus manos mi vida de cada día, mi martirio a plazos».

Y es que empecé a encontrarme, no sólo en lo religioso, sino también en lo humano, mucha gente que hablaba de heroísmo, pero luego no daba el callo. Personas que hablaban mucho de dar la vida por la patria, pero que, luego, no le daban cada día el trabajo con el que se la construye o no eran difusoras de esa paz y alegría con las que la patria se alimenta. Gentes que decían que darían la vida por sus seres queridos, pero luego les hacían la vida imposible.

Por eso elegí esa fórmula del martirio a plazos. No soñar con la flecha ni el balazo. Aceptar, en cambio, el arañazo de cada día. Querer a la gente hoy y mañana. Y no soñar en un futuro heroico.

Con la fe pasa lo mismo. Si Dios un día nos pide que muramos por ella, ya nos dará Él fuerza para hacerlo. Pero lo normal es que Dios nos pida que demos por ella esta vida de cada día y que la demos, no teóricamente, sino, como mi amiga dice, «queriendo a Cristo en directo», en nuestros amigos, en nuestros hermanos. Ya sé que por este «martirio a plazos» no nos canonizarán. Pero en el cielo hay más santos de los que nos imaginamos.

# 14
# EL ARTE DE CRITICAR

## I

Si en el mundo hay algo que sea especialísimamente difícil y para lo que, sin embargo, nos sintamos perfectamente preparados, es el arte de criticar. Arte endiabladamente complejo y que se convierte en injusticia noventa y nueve de cada cien veces que lo usamos y en el que, no obstante, nos embarcamos a diario con una frivolidad digna de mejor causa.

Es uno de nuestros deportes favoritos. ¿Quién hay que no critique algo o a alguien setenta veces siete cada día? Critican los hijos a los padres, los padres a los hijos, los vecinos a los demás vecinos, los gobernados a los gobernantes, los incrédulos a los creyentes, los creyentes a su propia Iglesia, los españoles a los españoles, los franceses a todo el resto del mundo, no hay persona que llegue a la noche sin haber derramado o recibido –sabiéndolo o sin saberlo– media docena de rociadas críticas al día.

Y lo gracioso es que esto de la crítica se suele presentar en la actualidad no sólo como un gran derecho, sino también como un mérito. Un hombre que «vive en postura crítica» se considera ya un privilegiado. «Mantener una actitud crítica» es algo así como la cima de la perfección. ¡Y cuánta falsedad y mediocridad se esconde a veces tras tan bonitas palabras! No creo que sea malo reflexionar un poco sobre este arte que jamás nos han enseñado.

Y no vendría mal empezar por un recuerdo infantil. Yo tuve un profesor de griego que nos explicaba que la palabra «crítica» viene del verbo «krino» o «krinein», que quiere decir «juzgar, medir, valorar», y nos recordaba que de esa misma raíz, «kri», vienen «crisol» y «acrisolar» (es decir, filtrar impurezas) y vienen también palabras tan dispares como «crisis», «criterio» e incluso «hipocresía» (desempeñar un papel teatral, literariamente).

Pero nuestro profesor insistía en que, por tanto, crítica no es, como suele pensarse, sólo decir las cosas malas de lo juzgado, sino medir, valorar cuanto tiene de bueno y de malo. Por lo que una crítica que sólo subraya lo negativo no es ya una crítica, sino algo muy diferente. Y entonces nuestro profesor nos explicaba que para expresar esa idea de «decir lo negativo» tenían los griegos otras dos palabras: «aitía», que quiere decir acusación, y «diabolé», que es más dura y se refiere a la «acusación calumniosa». De esa última palabra viene precisamente el nombre de «diablo», es decir: el acusador, el calumniador.

No he olvidado nunca la explicación de mi profesor de griego: muchos que se creen «críticos», son simplemente «diablos». Muchos que creen ejercer esa nobilísima tarea que es criticar (separar el grano de la paja, *para guardar el grano*) lo que en realidad hacen es acusar, calumniar, diabolizar. Es decir: destruir.

## II

El crítico, en cambio, es el que juzga porque ama aquello que está criticando y porque quiere ayudar a mejorar. Critica para empujar hacia arriba. No goza criticando. Sabe que al criticar él también se embarca en aquello que critica: porque también él fracasa si lo criticado no acaba mejorando.

El criticón es todo lo contrario: goza subrayando los aspectos negativos. Y el fracaso de lo criticado lo ve como un éxito propio, como una confirmación de que él tenía razón al criticarlo.

Triste personaje el criticón. Que empieza por no ser feliz. ¿Conocen ustedes a alguna persona que se pase la vida hablando mal de los demás y que sea al mismo tiempo feliz personalmente? No, el criticón critica precisamente porque él no es feliz y proyecta su amargura sobre el criticado. Lo que realmente no le gusta es su propio corazón. Y todo su desencanto por sí mismo lo vuelca en cuanto mira. Si una jarra llena de vinagre rebosa —como dice el refrán— rebosará vinagre. Si lo que rebosa es miel, es que está llena de miel.

Por eso, porque el criticón no puede aceptar que los demás sean más felices o mejores que él, todo el mundo le parece podrido. Y se pasa la vida vigilando los posibles —y temibles— éxitos de los demás.

En el fondo, al criticón le disgusta el mundo que le rodea y el que tiene dentro. Pero como es demasiado orgulloso para reconocer que él tiene parte de culpa de ese mundo molesto, necesita inventarse culpables: y los encuentra en todos los que le rodean. Como él está seguro de tener la verdad absoluta, se sube en la peana de esa verdad y se dedica a demostrar a todo el mundo que él tiene razón. ¿Cómo, entonces, podrían tenerla los demás?

## III

Pero ahora debemos aterrizar un poco más. Y señalar cuándo y cómo se debe hacer la crítica.

Y las leyes fundamentales me parecen las siguientes: la primera es que no tiene derecho a criticar el que no elogia habitualmente. Un padre que jamás elogia las cosas que su hijo hace bien —y todo el mundo hace muchas cosas bien—, ¿qué derecho tendría a reñirle cuando se equivoca? Un jefe que jamás estimula a sus colaboradores, ¿no se despoja de razón para criticar cuando éstos fallan? El que en política jamás encuentra nada válido en sus gobernantes, ¿no demuestra en sus críticas que o es un neurótico o tiene gafas políticas para criticarles? La crítica verdaderamente valiosa es la de quien, estando en principio siempre dispuesto al elogio, se ve, en algún caso, obligado a criticar.

La segunda ley podría ser ésta: no se debe criticar nada que no se ame. Si toda crítica va dirigida a conseguir el bien y no a destruir, ¿no es lógico que sólo se critique aquello cuyo bien se quiere? Criticamos con derecho a los gobernantes cuando de hecho queremos a nuestro país, y lo demostramos a diario con nuestro trabajo. Tenemos derecho a criticar a la Iglesia si la amamos. Y con tanta más razón criticamos al hijo o al esposo cuanto más les demostremos constantemente nuestro amor. La crítica del enemigo ni crea nada, ni nada aporta.

Lógicamente, cuando se critica lo que se ama se critica con amor, con tanta delicadeza como la que se emplea al curar una herida. Por ello, en una crítica rebozada de ironías o sarcasmo, puede haber un desahogo del que critica, no una esperanza de verdadera mejoría.

La cuarta norma podría ser ésta: Nunca se debe formular una crítica sin que, antes, el propio crítico se haya preguntado por la parte de responsabilidad que él tiene en lo que fustiga. La verdad es que todos somos responsables de todo. Y cuando algo marcha mal, nadie de los que rodean ese mal puede estar seguro de tener limpias sus manos. ¿Cómo criticar a un país que produce poco, si no empezamos todos por cumplir nuestro deber? Criticar a la jerarquía por la mala marcha de la Iglesia, ¿no será una coartada para tapar nuestros errores? Reñir a un hijo porque llega tarde a casa, ¿no es un autoengaño cuando no se ha empezado por hacer vividera la convivencia dentro?

Lógicamente se critica de manera distinta cuando uno se siente corresponsable de lo que se discute. Y, en rigor, sólo debería criticarse «desde dentro», comenzando por la confesión de nuestra propia culpa. El criticado entenderá mucho mejor su error si empezamos a compartir con él el nuestro. Porque no entenderá la crítica como una agresión hecha desde fuera, sino como una colaboración practicada desde dentro. Desde dentro del corazón.

# IV

Y ahora quisiera concretar las pequeñas leyes que son decisivas en el arte de criticar. Lo hago siguiendo las que señala López Caballero. Podrían ser las siguientes:

—La crítica ha de hacerse siempre «cara a cara». No hay nada más sucio, más triste que la denuncia anónima. El que tira la piedra y esconde la mano sólo demuestra que su corazón está podrido. Y carece de todo derecho a criticar.

—La crítica ha de hacerse a la persona interesada y en privado (salvo en la crítica pública a las cosas públicas). Una crítica a un hijo o a un amigo en público es siempre rigurosamente contraproducente.

—Nunca se debe criticar comparando con otras personas. Decirle a un hijo: «Aprende de tu primo, o de fulanito» es olvidar que cada persona es cada persona.

—Se deben criticar los hechos, jamás las intenciones. El que ama debe partir siempre de la buena voluntad de aquellos a quienes ama.

—La crítica debe ser específica, no generalizadora; objetiva, no exagerada. Cualquier exageración en la crítica le hace perder toda su eficacia. Evitar la palabras «siempre», «nunca». Nadie es «siempre malo».

—Hay que criticar una sola cosa cada vez. Si, al criticar, soltamos todos los rencorcillos que hemos ido acumulando durante meses, lo que conseguiremos es discutir y no curar.

—No se deben, en principio, repetir las críticas una vez formuladas. Las repeticiones y el machaconeo las vuelven ineficaces.

—Hay que saber elegir bien el momento para criticar. En principio lo ideal es hacerlo apenas se ha producido el hecho criticable, pero todo depende de que nosotros estemos tranquilos para criticar y el criticado lo esté para escuchar. Si uno de los dos está nervioso, lo más probable es que agrandemos la herida en lugar de curarla.

–Nunca se debe criticar lo que no se ha comprobado bien. Criticar sobre rumores, sobre sospechas, es predisponerse a ser injusto.

–Antes de criticar hay que ponerse en las circunstancias del criticado. Como dice un viejo proverbio: «Dios me libre de juzgar a mi hermano sin haber calzado durante un mes sus zapatos».

Claro que, entonces, si nos hubiéramos colocado en el alma del otro, ya no criticaríamos. Graham Greene decía que «si supiéramos el último porqué de la cosas tendríamos compasión hasta de las estrellas». Pero los hombres juzgamos con una frivolidad que espanta. Si, en cambio, supiéramos cómo y por qué caminos se ha llegado al error que criticamos, noventa y nueve de cada cien veces nos callaríamos. Y descubriríamos que a la hora de equivocarnos todos somos hermanos gemelos.

## 15
## DETRÁS DE LAS ESTRELLAS

El padre Bruckberger ha contado la historia que un día le contó un amigo judío. Era un recuerdo de su infancia. Cuando tenía cuatro o cinco años, formaba parte de una tribu que vivía en el desierto en tiendas de campaña. Una noche, cuando el chavalín dormía junto a la vieja que le cuidaba, de pronto, apremiado por una necesidad natural, el niño salió de la tienda y se sintió maravillado ante el cielo plagado de estrellas que nunca había visto. Era una noche de verano y un silencio terrible lo llenaba todo. De pronto al niño le pareció que aquélla era la noche más hermosa desde la creación del mundo, tal vez porque era la primera que realmente veía. Se sentía como dentro de una gran cuna. Y todo era tan sereno, tan apacible, bajo el brillo de millares de estrellas, que se diría que aquella gran armonía estaba anunciando algo. Le pareció que aquella hermosura no podía terminar allá. Que aquello estaba preparado para algo, para alguien. ¿Iba, tal vez, a venir el Anunciado a los profetas? Corrió emocionado hacia la tienda y gritó a la vieja que le acompañaba: «Ven, ven a verlo. En el cielo hay, por lo menos, diez estrellas. ¿No crees que el Mesías podría venir hoy?». La vieja, medio dormida, oyó con una sonrisa la voz temblorosa del niño. Levantó los ojos al cielo y viendo los millares de estrellas que tantas veces había visto, respondió: «Olvida al Mesías ¡y aprende a contar!».

Me pregunto si en esa mujer y ese niño no estaba resumida la Humanidad entera. El niño formaba parte del grupo –pequeño grupo– de los que esperan algo. De los que saben que detrás de la realidad hay otra realidad más profunda y hermosa. De los que están seguros de que la belleza del mundo esconde mayores secretos. De los que se atreven a creer en la posibilidad de la utopía. De los que no se quedan atrapados en lo que ven sus ojos y quieren ir más allá, más allá.

La vieja es la mayoría de la Humanidad. Creen que han visto todo. Y, en lo que ven, nunca saben descubrir lo que puede haber detrás. Se ríen incluso de los soñadores. Para ellos lo importante es saber contar, vivir en la superficie de su aburrimiento. No se atreven a creer en nada más, porque tienen miedo a decepcionarse luego. Prefieren creer poco, esperar nada, y así se sienten como más seguros.

Naturalmente, yo preferiré siempre a los que sueñan... aunque se equivoquen; a los que esperan... aunque a veces fallen sus esperanzas; a los que apuestan por la utopía... aunque luego se queden a medio camino. Apuesto por los que no se resignan a que el mundo sea como es; los que confían en que el mundo puede y debe cambiar; los que creen que la felicidad vendrá, tal vez mañana, tal vez esta misma noche; los que no hacen caso a esa vieja que hay dentro de cada uno de nosotros y que nos asegura que no hay nada detrás de las estrellas. Sólo de los que creen es el reino de los cielos. Sólo de los que esperan será el reino de la felicidad.

# 16
# EL TUTOR

Un amigo me comentaba el otro día que, leyendo a Galdós, le había sorprendido descubrir uno de los significados de la palabra «tutor» que él, hasta entonces, desconocía. Es la tercera acepción que ofrece el diccionario: «Tutor: palo para sostener las plantas».

Y le había sorprendido precisamente porque pensaba que ese palo es el símbolo perfecto de lo que los adultos deberían ser hoy para los jóvenes. «Es la rama —me decía mi amigo— quien tiene la vida, quien debe crecer y progresar con su propia vida y estilo. El palo sólo ayuda a que la rama no se descarríe y tuerza. Y poco importa que el palo esté seco, que no valga 'para nada' objetivamente. Ahí está, siendo decisivo en el futuro del árbol, colaborando en una vida que tal vez ese palo no tiene».

Yo ya sé que a los jóvenes esta idea de la tutoría les fastidia, les parece que va contra su propia independencia, y nada hay que apasione tanto a un joven cuanto ser «él sólo» el dueño de su propia vida. Pero, con todos los perdones, tengo la impresión de que nunca los jóvenes han necesitado tanto la compañía de una persona mayor que les ayude y les comprenda; alguien, al menos, con quien poder desahogarse alguna vez. Pienso que siguen siendo ellos los autores y los supremos responsables de sus vidas, pero también que la realidad se ha puesto para los jóvenes tan endiabladamente complicada que, quién más, quién menos, todos necesitan ese palo que los sostenga, en los momentos de cansancio o ante los riesgos de la torcedura.

Confieso que me impresiona recibir tantas misivas de muchachos que, sin conocerme personalmente, me escriben largas cartas contándome su vida y pidiéndome mi opinión. Y me impresionan porque casi todas terminan confesando que no tienen ningún adulto en el que confiar. Y acuden a mí que puedo, cuando más, contestarles con unas letras y –como son tantos– con mucho más retraso del que yo quisiera. Y al recibirlas, no puedo menos de preguntarme: ¿Dónde están sus padres? ¿Es que estos muchachos no tienen ni han tenido un profesor o profesora en los que confiaran? ¿No les sería más útil un cura, un psicólogo, un tío, un familiar cualquiera que estuviera a su lado y a quien pudieran acudir en las horas difíciles?

Es terrible la zanja que hemos tolerado que se abriera entre mayores y jóvenes. Quizá es que cada uno va a sus cosas y son muy pocas las almas abiertas al prójimo o que valoren esa suprema tarea humana que es ayudar a los demás a aprender a vivir. ¿Será que los jóvenes no saben abrirse a los mayores? ¿Es que los mayores se les muestran tan egoístas que no confían en que puedan escucharles?

Dejadme que lo diga sin rodeos: veo difícil que un joven llegue a realizarse plenamente si no tiene la suerte de tener cerca ese «tutor» que le sostenga. Pero pienso que aún pierde más su vida aquel adulto que no se ha impuesto como algo fundamental en su vida ayudar al menos a uno de los muchachos que le rodean. Los árboles –ya lo veis– tienen más suerte que los humanos.

# 17
# EL LADRILLO

En un viejísimo libro del siglo IV, en el que se cuentan las vidas de los santos Padres, me encuentro la historia de aquellos dos anacoretas que vivían juntos y jamás habían tenido una discusión. Un día uno de los dos dijo a su compañero: «Yo creo que, al menos una vez en la vida, tú y yo deberíamos tener una disputa como las tiene todo el mundo. Así sabríamos qué es eso de reñir». A lo que su compañero respondió: «Si tú quieres, tengámosla. Pero lo malo es que yo no sé cómo empezar». «Muy sencillo –dijo el primero–. Voy a poner un ladrillo entre nosotros y después diré: 'Este ladrillo es mío'. Y tú me contestarás: 'No, me pertenece a mí'. Esto nos llevará a polemizar y a disputar». Colocaron, pues, el ladrillo entre ambos. Y el primero dijo: «Esto es mío». El segundo respondió: «No, estoy seguro de que es mío». Pero el primero, insistió: «No es tuyo, es mío, siempre ha sido mío». A lo que, esta vez, respondió el segundo: «Está bien. Si te pertenece, cógelo». Y así fue como los dos anacoretas no lograron pelearse.

Pienso que el candor de esta ingenua narración deja en ridículo todas nuestras disputas por varias razones.

La primera, porque demuestra que al menos el 99 por 100 de nuestras riñas surgen por tonterías que carecen de toda importancia. Si nos pusiéramos a encontrar motivos para reñir, no los encontraríamos más pequeños. Pero lo absurdo es que, cuando discutimos, los temas de nuestra discusión nos parecen gigantescos, esenciales, importantísimos. Pero vistos con una leve sonrisa son, casi siempre, puras tonterías.

La segunda, porque la mayor parte de nuestra discusiones surgen de afanes de posesión. Si se borraran del diccionario las palabras «mío» y «tuyo» se acabaría la mayor parte de las polémicas entre los hombres. Si por lo menos se descubriera que la amistad es anterior y superior al ladrillo por el que discutimos, también se terminarían las discusiones. Y lo grave es que, con frecuencia, por discutir cosas tan poco importantes como un ladrillo, ponemos en juego y aun perdemos cosas de un valor infinito: la amistad, el amor.

La tercera conclusión es la de aquel viejísimo refrán que cuenta que «dos no riñen si uno no quiere». El segundo de nuestros anacoretas lo entendía muy bien. Comenzó a discutir, pero, por fortuna, se cansó en seguida. Se dio cuenta de que la paz con su compañero valía mucho más que el aclarar quién de los dos tenía razón sobre la propiedad del ladrillo. Y así, cediendo, pareciendo ser derrotado, ganó. Ganó la amistad, que valía más que un millón de ladrillos.

A mí me gustaría pedir a todos mis amigos que, antes de comenzar a discutir, pasen por el tamiz de la ironía los motivos por los que van a discutir. Les parecerán ridículos. Y descubrirán que la amargura que deja toda polémica detrás de sí es una fruta que no vale la pena probar.

# 18
# APRENDER A EQUIVOCARSE

Una de las virtudes-defecto que mayor miedo me producen es el perfeccionismo. Es una virtud porque, evidentemente, lo es el tender a hacer todas las cosas perfectas. Y es un defecto porque no suele contar con la realidad: que lo perfecto no existe en este mundo, que los fracasos son parte de toda vida, que todo el que se mueve se equivoca alguna vez.

He conocido en mi vida muchos perfeccionistas. Son, desde luego, gente estupenda. Creen en el trabajo bien hecho, se entregan apasionadamente a hacer bien las cosas e incluso llegan a hacer magníficamente la mayor parte de las tareas que emprenden.

Pero son también gente un poco neurótica. Viven tensos. Se vuelven cruelmente exigentes con quienes no son como ellos. Y sufren espectacularmente cuando llega la realidad con la rebaja y ven que muchas de sus obras –a pesar de todo su interés– se quedan a la mitad de camino.

Por eso me parece que una de las primeras cosas que deberían enseñarnos de niños es a equivocarnos. El error, el fallo, es parte inevitable de la condición humana. Hagamos lo que hagamos, habrá siempre un coeficiente de error en nuestras obras. No se puede ser sublime a todas horas. El genio más genial pone un borrón y hasta el buen Homero dormita de vez en cuando.

Así es cómo, según decía Maxvel Brand, «todo niño debería crecer con la convicción de que no es una tragedia ni una catástrofe cometer un error». Por eso en las personas siempre me ha interesado más el saber cómo se reponen de los fallos que el número de fallos que cometen.

Ya que el arte más difícil no es el de no caerse nunca, sino el de saber levantarse y seguir el camino emprendido.

Temo por eso la educación perfeccionista. Los niños educados para arcángeles se pegan luego topetazos que les dejan hundidos para largo tiempo. Y un no pequeño porcentaje de amargados de este mundo surge del clan de los educados para la perfección.

Los pedagogos dicen por eso que es preferible permitir a un niño que rompa alguna vez un plato y enseñarle luego a recoger los pedazos, porque «es mejor un plato roto que un niño roto».

Es cierto. No existen hombres que nunca hayan roto un plato. No ha nacido el genio que nunca fracase en algo. Lo que sí existe es gente que sabe sacar fuerzas de sus errores y otra gente que de sus errores sólo saca amargura y pesimismo. Y sería estupendo educar a los jóvenes en la idea de que no hay una vida sin problemas, pero lo que hay en todo hombre es capacidad para superarlos. No vale, realmente, la pena llorar por un plato roto. Se compra otro y ya está. Lo grave es cuando por un afán de perfección imposible se rompe un corazón. Porque de esto no hay repuesto en los mercados.

## 19
# GENTE ENCANTADORA

Si me permiten un secreto, les diré que yo tengo un metro bastante especial para medir a las personas. Y es observar cómo valoran ellos a quienes les rodean. La gente para la cual todos sus compañeros son estupendos, sus familiares formidables y sus jefes unos buenos tipos, es que ellos mismos son estupendos, formidables y buenos tipos. En cambio, las personas que ven monstruos en todo lo que les rodea, es que, generalmente, tienen ellos algo de monstruito en su corazón.

Leo estos días un folleto en el que se cuenta la vida de una muchacha de catorce años que murió hace uno en eso que llamamos «olor de santidad» –con un coraje y una entrega formidables–. Y en su pequeña biografía, aunque me impresiona mucho la alegría con la que afrontó su feroz y larga enfermedad, aún hay algo que me impresiona más. En sus cartas aparece que todo el mundo que la rodeaba era «gente encantadora». Para Alexia –que así se llamaba la pequeña–, todo el mundo era formidable. «La primera impresión que me dio la clínica al llegar es que era un lugar maravilloso. Las enfermeras ¡son tan amables, tan cariñosas! En seguida empezaron a llegar los médicos, todos encantadores, y cada cual se mostró más simpático y cariñoso». Y hasta la ciudad de Pamplona, le parece fantástica: «Pamplona es una ciudad pequeñita, muy agradable. Toda la gente es majísima, muy amable, y que se hace querer». Hay que tener, me parece, el alma muy clara para ver el mundo tan luminoso. Hay que ser encantador para descubrir que todos los que nos rodean lo son también.

¿Quiere decir todo esto que no se puede dar una persona limpia que se sienta rodeada de suciedad? No, naturalmente. La suciedad existe. Y no es ningún delito verla. Pero yo tengo la impresión de que los que constantemente hablan de suciedad es que la tienen dentro.

Los hombres, en rigor, como decía Ortega, no vemos «con los ojos, sino a través de ellos». Es nuestra alma quien ve la realidad más que los ojos. Y generalmente más que ver lo que nos rodea, proyectamos hacia afuera lo que tenemos dentro. Y así es cómo los amargados sólo ven amargura y los esperanzados se sienten inundar por la esperanza. Los que comprenden no es que sean más inteligentes que otros, es que «son» comprensivos. Los cerrados a toda comprensión no es que sean más exigentes o más agudos que los demás, es que «son» incomprensivos. Y así es cómo dos personas, rodeadas por la misma realidad, pueden vivir sumergidas en dos realidades completamente distintas. Sólo que uno ve todo lo negro de esa realidad, mientras el otro elige la cara soleada de la misma.

Esa es la razón por la cual a la gente amargada yo nunca les pido que cambien de medio social, sino que revisen las gafas negras que le han puesto a su corazón. Porque no hay peor ciego que el que quiere ver negro. En cambio, estoy seguro de que cualquier ser humano, visto suficientemente de cerca y contemplado con el suficiente amor, termina resultando una persona encantadora.

## 20
# EL CABALLO ESTABA DENTRO

Cuentan que un pequeño, vecino de un gran taller de escultura, entró un día en el estudio del escultor y vio en él un gigantesco bloque de piedra. Y que, dos meses después, al regresar, encontró en su lugar una preciosa estatua ecuestre. Y volviéndose al escultor, le preguntó: «¿Y cómo sabías tú que dentro de aquel bloque había un caballo?».

La frase del pequeño era bastante más que una «gracia» infantil. Porque la verdad es que el caballo estaba, en realidad, ya dentro de aquel bloque. Y que la capacidad artística del escultor consistió precisamente en eso: en saber ver el caballo que había dentro, en irle quitando al bloque de piedra todo cuanto le sobraba. El escultor no trabajó añadiendo trozos de caballo al bloque de piedra, sino liberando a la piedra de todo lo que le impedía mostrar al caballo ideal que tenía en su interior. El artista supo «ver» dentro lo que nadie veía. Ese fue su arte.

Pienso todo esto al comprender que con la educación de los humanos pasa algo muy parecido. ¿Han pensado ustedes alguna vez que la palabra «educar» viene del latín «edúcere», que quiere decir exactamente: sacar de dentro? ¿Han pensado que la verdadera genialidad del educador no consiste en «añadirle» al niño las cosas que le faltan, sino en descubrir lo que cada pequeño tiene ya dentro al nacer y saber sacarlo a luz?

Me parece que muchos padres y educadores se equivocan cuando luchan para que sus hijos se parezcan a ellos o a su ideal educativo o humano. Padres que quieren que sus hijos se parezcan a Napoleón, a Alejandro Magno o al banquero que triunfó en la vida entre sus compañeros de curso. Pero es que su hijo no debe parecerse a Napoleón ni a nadie. Su hijo debe ser, ante todo, fiel a sí mismo. Lo que tiene que realizar no es lo que haya hecho el vecino, por estupendo que sea. Tiene que realizarse a sí mismo y realizarse al máximo. Tiene que sacar de dentro de su alma la persona que ya es, lo mismo que del bloque de piedra sale el caballo ideal que dentro había.

Ser hombre no es copiar nada de fuera. No es ir añadiendo virtudes que son magníficas, pero que tal vez son de otros. Ser hombre es llevar a su límite todas las infinitas posibilidades que cada humano lleva ya dentro de sí. El educador no trabaja como pintor, añadiendo colores o formas. Trabaja como el escultor: quitando todos los trozos informes del bloque de la vida y que impiden que el hombre muestre su alma entera tal y como ella es.

Y los muchachos tienen razón cuando se rebelan contra quienes quieren imponerles módulos exteriores. Aunque no la tienen cuando se entregan, no a lo mejor de sí mismos, sino a su comodidad y a su pereza, que es precisamente el trozo de bloque que les impide mostrar lo mejor de sí mismos. Un buen padre, un buen educador es el que sabe ver la escultura maravillosa que cada uno tiene, revestida tal vez por toneladas de vulgaridad. Quitar esa vulgaridad a martillazos –quizá muy dolorosos– es la verdadera obra del genio creador.

## 21
## LA CATEDRAL ABANDONADA

Cuando se acercaba la hora de la muerte de Charles Du Bos —ese enorme escritor que, me temo, nadie ha leído en España—, uno de sus médicos le decía: «Señor Du Bos, usted tiene un alma, usted se ha ocupado siempre de su alma. Pero ¿qué ha hecho usted por su cuerpo?».

Y yo me pregunto si a la mayor parte de los hombres de nuestro tiempo no habría que decirles exactamente lo contrario: «Amigo mío, usted se ha ocupado siempre de su cuerpo. Pero ¿qué ha hecho usted por su alma?».

Voy a aclarar en seguida que no escribo esta frase como cura, que no aludo «sólo» a la salvación del alma. Que pregunto por algo más, que lo que me angustia es pensar si la mayoría de la Humanidad no se morirá olvidando que tiene algo más que su cuerpo. Y es que todos —incluso los creyentes— parecemos dedicar el noventa y cinco por ciento de nuestras energías a problemas materiales. El mismo amor se confunde con eso que llaman «hacer el amor». Y toda nuestra inteligencia parece invertirse exclusivamente en el arte de ganar dinero y prosperar en este mundo. ¿Pero quién cultiva su mundo interior? ¿Quién dedica lo mejor de su vida a crecer por dentro? Los más de los hombres se diría que son catedrales abandonadas, se preocupan de todo menos de lo importante. Han dejado vacío el altar mayor de su catedral interior.

Durante muchos años me ha impresionado el bellísimo verso de Keats que define el mundo como «el valle donde se forman las almas». Porque quizá los hombres no nacemos con alma y hacen falta muchos, muchos años de esfuerzo para convertir una inteligencia en un alma, en un alma de veras. La llevamos tal vez a la pobrecita perdida en quién sabe qué rincón de nuestra grasa corporal, infantil y sin terminar, dormida y deforme.

El viejo consejo de Píndaro: «Sé lo que eres», quería decir precisamente que lo más humano de la humanidad es llegar a convertirse en un alma. Y es que «formar un alma» es, como decía Charles Du Bos, «el más arduo trabajo que exista». No, no es fácil conseguir que el alma llegue a ser lo que es. No es fácil descubrir que el verdadero amor no nace de la carne, sino del espíritu, y que, por tanto, la impureza es una mutilación. Y no es fácil lograr que la inteligencia se convierta en amor y no sólo en sierva del progreso material. Hay que pagar, a veces con lágrimas, ese esfuerzo por construir la catedral interior. Y tal vez por eso el «valle donde se forman las almas» de Keats es, al mismo tiempo, el «valle de las lágrimas» de la Salve.

Pero más grave que el no luchar por realizar la propia alma es no darse ni siquiera cuenta de que se tiene. Y parece que la mayoría de los hombres no han hecho ni este elementalísimo descubrimiento. Uno tendría que subirse al palo mayor de sí mismo y convertirse en un descubridor que gritase, no como Rodrigo de Triana, «tierra, tierra», sino «¡alma, alma!». Porque ese es nuestro continente desconocido.

# 22
# DEMETRIO, EL MONJE

Hay una vieja leyenda eslava que cuenta la historia de un monje, Demetrio, que un día recibió una orden tajante: debería encontrarse con Dios al otro lado de la montaña en la que vivía, antes de que se pusiera el sol. El monje se puso en marcha, montaña arriba, precipitadamente. Pero, a mitad de camino, se encontró a un herido que pedía socorro. Y el monje, casi sin detenerse, le explicó que no podía pararse, que Dios le esperaba al otro lado de la cima, antes de que atardeciese. Le prometió que volvería en cuanto atendiese a Dios. Y continuó su precipitada marcha. Horas más tarde, cuando aún el sol brillaba en todo lo alto, Demetrio llegó a la cima de la montaña y desde allí sus ojos se pusieron a buscar a Dios. Pero Dios no estaba. Dios se había ido a ayudar al herido que horas antes él se cruzó por la carretera. Hay, incluso, quien dice que Dios era el mismo herido que le pidió ayuda.

Esto, más que una fábula, es la perfecta doctrina católica. Ruisbroeck decía que «si un día estás en éxtasis y un pobre te pide limosna, debes bajar del éxtasis y ayudarle». San Vicente de Paúl afirmaba tajantemente que «hay que abandonar a Dios por el prójimo». Y todos ellos no hacían otra cosa que repetir aquello del evangelista san Juan: «Quien no ama a su hermano, a quien está viendo, ¿cómo va a amar a Dios a quien no ve?».

Efectivamente: en el amor a Dios puede haber engaños. Puede alguien decir que ama a Dios cuando lo único que siente es un calorcillo que le gusta en su corazón. Puede alguien decir que ama a Dios y lo que ama es la tranquilidad espiritual que ese supuesto amor le da.

Amar al prójimo, en cambio, no admite triquiñuelas: se le ama o no se le ama. Se le sirve o se le utiliza. Se demuestra con obras o es sólo una palabra bonita. San Juan seguía diciéndolo de manera tajante: «Si uno posee bienes de este mundo y, viendo que su hermano pasa necesidad, le cierra sus entrañas, ¿cómo puede estar en él el amor de Dios?». Es cierto: «El prójimo –la frase es de Cabodevilla– es nuestro lugar de cita con Dios». Sólo en el prójimo nos encontramos con Él y todo lo demás son juegos de palabras.

Dicho esto así de tajantemente, ¿qué queda de muchas religiosidades? ¿A cuántos juegos de palabras se reduce nuestra afirmación de ser cristianos?

En los días de Semana santa serán muchos los que acompañen a Cristo con sus lágrimas camino de la cruz, durante las procesiones. Pero no serán tantos los que recuerden que Viernes santo son todos los días del año y que no hay que subir al Calvario cuando bastaría subir al piso de arriba donde alguien sufre o está solo. A fin de cuentas, amar no es recordar –aunque lo que se recuerda sean los sufrimientos de Cristo–: se ama con las manos. Y todo lo demás es literatura.

# 23
# VEINTICUATRO MANERAS DE AMAR

Cuando a la gente se le habla de que «hay que amarse los unos a los otros», son muchos los que se te quedan mirando y te preguntan: Y amar, ¿qué es: un calorcillo en el corazón? ¿Cómo se hace eso de amar, sobre todo cuando se trata de desconocidos o semiconocidos? ¿Amar son, tal vez, solamente algunos impresionantes gestos heroicos?

Un amigo mío, Amado Sáez de Ibarra, publicó hace muchos años un folleto que se titulaba *El arte de amar* y en él ofrecía una serie de pequeños gestos de amor, de esos que seguramente no cambian el mundo, pero que, por un lado, lo hacen más vividero y, por otro, estiran el corazón de quien lo hace.

Siguiendo su ejemplo voy a ofrecer aquí una lista de 24 pequeñas maneras de amar:

–Aprenderse los nombres de las personas que trabajan con nosotros o de las que nos cruzamos en el ascensor y tratarles luego por su nombre.
–Estudiar los gustos ajenos y tratar de complacerles.
–Pensar, por principio, bien de todo el mundo.
–Tener la manía de hacer el bien, sobre todo a los que no se lo merecerían teóricamente.
–Sonreír. Sonreír a todas horas. Con ganas o sin ellas.
–Multiplicar el saludo, incluso a los semiconocidos.
–Visitar a los enfermos, sobre todo si son crónicos.

–Prestar libros aunque te pierdan alguno. Devolverlos tú.
–Hacer favores. Y concederlos antes de que terminen de pedírtelos.
–Olvidar las ofensas. Y sonreír especialmente a los ofensores.
–Aguantar a los pesados. No poner cara de vinagre escuchándolos.
–Tratar con antipáticos. Conversar con los sordos sin ponerte nervioso.
–Contestar, si te es posible, a todas las cartas.
–Entretener a los niños chiquitines. No pensar que con ello pierdes el tiempo.
–Animar a los viejos. No engañarles como chiquillos, pero subrayar todo lo positivo que encuentres en ellos.
–Recordar las fechas de los santos y cumpleaños de los conocidos y amigos.
–Hacer regalos muy pequeños, que demuestran el cariño pero no crean obligación de ser compensados con otro regalo.
–Acudir puntualmente a las citas, aunque tengas que esperar tú.
–Contarle a la gente las cosas buenas que alguien ha dicho de ellos.
–Dar buenas noticias.
–No contradecir por sistema a todos los que hablan con nosotros.
–Exponer nuestras razones en las discusiones, pero sin tratar de aplastar.
–Mandar con tono suave. No gritar nunca.
–Corregir de modo que se note que te duele el hacerlo.

La lista podría ser interminable y los ejemplos similares infinitos. Y ya sé que son minucias. Pero con muchos millones de pequeñas minucias como éstas el mundo se haría más habitable.

# 24
# LIBERTAD Y OBEDIENCIA

## I

«¿Por qué —me pregunta una señora— a los jóvenes ahora ya nunca nadie les habla de obediencia? El cuarto mandamiento –'honrar padre y madre'– está completamente en desuso. Nadie habla de él. Ni los profesores, ni los sacerdotes, nadie. Los mismos padres no se atreven a nombrarlo. Dicen que cómo les van a obedecer sus hijos si saben mucho más que ellos. Y lo que es peor es que si a un niño, por pequeño que sea, le dices que obedezca, nunca falta alguien que te diga que obligarle es coartarle la libertad, que el niño tiene que nacer y crecer libre. El resultado es que los hijos no nos obedecen nunca. Yo entendería que de vez en cuando desobedecieran, pero lo cierto es que no obedecen jamás. Y hasta presumen de que eso de obedecer es algo antediluviano y pintan su desobediencia como un signo de autenticidad, como un mérito».

Me temo que esta señora tiene muchísima razón. Pero me parece que el problema es más hondo de lo que ella piensa. Porque la verdad no es que sus hijos no obedezcan, sino que han dejado de obedecer a sus padres y obedecen a muchísimas otras cosas.

Porque esos jóvenes que tanto presumen de libertad, de autenticidad, resulta que obedecen a las modas, a las costumbres, a los «slogans», a la televisión, al sexo, a las drogas tal vez o, en todo caso, al peor de los tiranos, su propio capricho. Es cierto: hay mucha gente que cree que no obedece a nadie, por la simple razón de que obedece a sus propios gustos. Han dejado de obedecer a quienes les aman y han pasado a obedecer a quienes les tiranizan.

Me gustaría que los jóvenes que puedan leer esta página sean por un momento sinceros consigo mismos y me respondan a algunas preguntas. ¿De veras son ellos lo suficientemente libres como para vestir, peinar o divertirse contra corriente de como está mandado? ¿Mandado por quién? ¡Ah!, no se sabe, pero al parecer está mandado hacer las cosas de cierta manera si quieres estar «in». Y ¿se atreven a decir un domingo a sus amigos: Hoy no voy a la disco porque me quiero quedar a leer? ¿Se atreven a hablar bien de sus padres o de sus maestros? ¿Tienen el coraje de proclamar en público su fe, sin preocuparse de que alguien se cachondee de ellos?

Sí, tiene razón esta señora. Hay que volver a hablar de la obediencia. Decirles a muchos muchachos que al cambiar de obediencia –menospreciando a sus padres e idolatrando lo que impone la moda– están cambiando una obediencia que, en definitiva, es amor por otra tiranía que, en definitiva, es esclavitud. «Quien no quiere obedecer a la madre, obedecerá a la madrastra», dice un refrán inglés. Y esto es algo que ha ocurrido a los adolescentes de todos los tiempos. Pero nunca ocurrió tanto como hoy.

Sé que al escribir estas cosas lo hago contra corriente. Pero espero que los jóvenes soporten un poco de verdad.

## II

Sí, tal vez una de las cosas más urgentes de nuestro tiempo sea aclarar las relaciones entre obediencia y libertad. Porque últimamente se ha predicado demasiado ingenuamente una identificación entre libertad y capricho. A unos tiempos en los que la obediencia se identificó con el «ordeno y mando» sin razones, han sucedido otros en los que lo que se canoniza es la rebeldía por la rebeldía.

Y habría que empezar por descubrir que la verdadera libertad no es el «yo hago lo que me da la gana», sino el «yo hago lo que debo, lo de hecho multiplica mi alma». No es libre el que es esclavo de sus propios caprichos. Lo es el que voluntariamente, libremente, va como una flecha hacia su destino.

Este «ir hacia nuestro destino» obliga con frecuencia a ir contra nuestras tendencias instintivas e irracionales. La realidad viene siempre con rebaja y todo hombre debe asumir los dictados de la realidad que, con frecuencia, va contra nuestros sueños. ¡Y ay del que no sabe asumir la realidad como es!

Así, nos guste o no, todos «obedecemos». Y no sólo los jóvenes, los adolescentes. Obedecemos a la realidad de una enfermedad, obedecemos a la necesidad de trabajar, obedecemos a la ley que dice que quien no se forma, no estudia, nunca sabrá nada ni servirá para nada. Quien algo quiere, mucho le cuesta. Y así, la verdadera libertad sólo se consigue después de pasar por muchas obediencias.

Creo que hay que decir esto sin rodeo a los jóvenes, a los muchachos, sin engañarles con falsos señuelos de libertad y rebeldía que sólo llevan al vacío final y al fracaso.

Un joven, lo quiera o no, tiene que aprender a dominar su alma, a llenar su inteligencia, a madurar su espíritu. Y, lógicamente, son sus padres, sus formadores, quienes tienen que acompañarle –y a veces contradecirle– en la búsqueda de ese camino de madurez.

¿Que eso es incómodo? ¡Pues claro! Vivir no es sencillo. Y los jóvenes deberían tener el olfato suficiente para descubrir que no siempre lo más cómodo es lo mejor, que una ingenua rebeldía de los años adolescentes es el mejor camino para no ser nunca dueños de su propia alma y, por tanto, verdaderamente libres.

Tendríamos que explicarles que «la forma más heroica de la humanidad es la obediencia», como dijo Papini. Y que «renunciar a la voluntad propia es más meritorio que resucitar muertos», como escribió san Ignacio. O que sigue siendo verdaderísimo el viejo refrán: «Quien bien te quiere, te hará llorar». Porque sólo un alma bien curtida en la obediencia juvenil será libre en la edad adulta. Pues «para saber ser grande hay que haber sabido ser pequeño», que dice la Canción de Roland.

Pienso en Cristo que fue, a la vez, el ser más libre y obediente de la historia. No fue libre porque hiciera lo que le diera la gana, fue libre «porque» fue obediente a su Padre y a su misión. Eso es, a fin de cuentas, lo que vale: realizar nuestra misión en la vida. Y eso sólo se hace montándose encima de nuestros caprichos y descubriendo que la auténtica voluntad no tiene nada que ver con el «me da la gana».

## 25
# EL IMÁN Y EL HIERRO

Leyendo el otro día a san Francisco de Sales me encontré unas líneas que –escritas desde la ingenua ciencia de su época– me parecieron desgarradoramente iluminadoras. Dice el santo que el hombre lleva en su naturaleza el ser atraído por Dios y que, cuando el hombre no experimenta esta atracción, es porque algo pasa en el hombre, algo no funciona en él. Y pone esta encantadora comparación: «También en la naturaleza del hierro está ser atraído por el imán. Y cuando un imán no atrae a un hierro es porque algo pasa: o es que entre ambos se interpone un diamante, o es que el hierro está cubierto de grasa, o es que el hierro pesa mucho, o es que está a demasiada distancia del imán». Y concluye el santo: «Así le ocurre al hombre. Cuando no siente el atractivo de Dios es: o porque entre ambos se interponen las riquezas (el diamante), o porque está sumido en el piélago de la sensualidad (la grasa), o porque se ama demasiado a sí mismo (el peso), o porque los pecados le han alejado de Cristo excesivamente (la distancia)».

Este párrafo me dio mucho que pensar y me parece que no hay que aplicarlo sólo a lo religioso, sino a todo lo humano. Porque verdaderamente el hombre lleva el amor en su naturaleza. Lo espontáneo, lo normal es que el hombre ame. Al hombre, si no hay unas razones externas o internas que lo impidan, el amor le sale de su naturaleza. Odiar es lo extraño, amar lo natural. Bastaría con dejar al hombre a su naturaleza para que toda su vida fuera un acto de amor.

Entonces, ¿por qué no nos amamos? ¿Por qué tenemos que hacer un esfuerzo para amar? Me parece que las cuatro razones de san Francisco de Sales son perfectas.

El hombre no ama, en primer lugar, porque entre él y Dios o entre él y su prójimo se cruza un frío diamante: el egoísmo. El egoísmo no es lo natural en el hombre, es su perversión. Pero, desgraciadamente, esta perversión es abundantísima, general. Cuando yo supervaloro mis intereses personales, dejo de «ver» a mi prójimo. Algo se cruza entre mi prójimo y mi amor. Algo frío, congelante. Algo que impide que mi amor salga de mí y llegue a su natural destino.

La segunda razón por la que el hombre no ama o pervierte su amor es porque el hombre está embadurnado de la grasa de su sensualidad. ¿Cuántos amores auténticos, magníficos, no se han desgraciado porque una excesiva valoración de la sensualidad los ha corrompido? No digo –¡ojo!– que se interponga el cuerpo. El cuerpo puede ser y es de hecho un camino de amor. Pero su supervaloración y su degradación puede ser esa grasa que incapacita al imán para atraer al hierro.

La tercera razón es el propio peso. Si yo me supervaloro a mí mismo, ¿cómo voy a amar a mi hermano? No hay amor, no hay imán que levante a un hombre cargado de sí mismo.

La cuarta es la excesiva distancia. No amamos al prójimo porque estamos demasiado lejos de él. No le conocemos. No le vemos. Sólo cuando se está cerca de alguien se le puede amar. Sólo se ama a quien se puede abrazar. Sólo se abraza si se está cerca.

Y así es cómo el imán no atrae al hierro. Así es como el hombre no ama. Aunque el amor sea parte sustancial de su naturaleza.

# 26
# ¿ELECTRICISTA O POETA?

Entre las cartas que a veces recibo de muchachos me llama siempre la atención el ingenuo idealismo de muchos. Son chicos que tienen la imaginación llena de proyectos: van a ser grandes poetas, egregios escritores, creadores artísticos... Y a continuación me confiesan que van mal en sus estudios, que han empezado ya un par de carreras y las han dejado las dos, que no les gusta ninguna de las posibilidades que hoy se les ofrecen, que lo que a ellos les apetece es dedicarse a «crear», seguros de que nadie ha dicho todavía lo que ellos tienen que decir.

Leyéndoles recuerdo siempre aquella carta que Salvatore Quasimodo escribió a un muchacho y que tanto me impresionó a mí cuando también rozaba los dieciocho años. Tenía por entonces el poeta italiano una sección abierta de correspondencia en una revista italiana y, un día, recibió la carta de un joven obrero que, tembloroso, le aseguraba que el sueño de su vida era ser poeta. Y le exponía el proyecto de dejar su oficio de electricista para seguir la «carrera» de escritor. «Es verdad –añadía el muchacho– que mis padres, dos modestos obreros, me disuaden, pero pienso que lo hacen porque son viejos y no entienden a los jóvenes. Y, además, porque no han estudiado y para ellos los poetas siempre son unos desharrapados. Déme un consejo, profesor –concluía–. Decida usted lo que ha de ser mi vida. Haga de mí un poeta o un obrero especializado».

Recuerdo aún el tono compasivo e irónico con el que Quasimodo respondía al muchacho. La ternura con que le explicaba que ser poeta no tenía nada que ver con la tarea celeste, gloriosa, soñada, que él se imaginaba. «Los poetas –le decía– no caminan sobre las estrellas, sino que son seres diariamente curvados sobre la tarea terrestre». Daba, por ello, la razón a los padres del muchacho y le decía que no hay que dejar de ser electricista para ser poeta.

Algo parecido tendría que decir yo a los muchachos que hoy me escriben: nunca podrán ser auténticos «creadores» si ahora son malos estudiantes; nunca realizarán nada serio en su vida si hoy anteponen los sueños a la realidad. En todo caso, una obra creadora, literaria o artística se asienta siempre sobre una dura vida de trabajo, no sobre improvisaciones más o menos brillantes. Hay mucho que leer, mucho que escribir, mucho que aprender, mucho que tachar para, al final, poder escribir algunas líneas que se sostengan en pie. Incluso son muy pocos los escritores y los artistas que se alimentan de su obra creadora. Los más, al menos al principio, han construido su obra al respaldo de otra carrera que les permite sobrevivir.

No es fácil, no, vivir de la pluma. A no ser que, además de la poesía, se tenga una granja avícola.

## 27
# REGALAR LA SOMBRA

Entre los santos del calendario cristiano yo tengo un cariño muy especial a san Camilo de Lelis, que fue uno de los primeros cristianos que valoraron completamente en serio el cuerpo humano. En su tiempo había muchos que se preocupaban por los enfermos, pero lo hacían, únicamente, por sus almas. Pensaban que había que ayudar al enfermo a bien morir y que lo importante era asegurar sus almas para el cielo. Por eso casi abandonaban a los incurables, una vez que habían conseguido que éstos se confesasen. Para san Camilo, en cambio, el cuerpo seguía siendo importante, incluso después de «salvada» el alma, y estaba seguro de que amar a un incurable, ayudarle a ser feliz mientras viviera era una tarea importante.

Tal vez por eso, porque creía que la presencia de Cristo estaba en aquellos cuerpos purulentos, vivía una ternura tan ingenua con todos los enfermos a quienes limpiaba, curaba, atendía, abrazaba como si fueran literalmente el mismo Cristo. Por eso los hospitales eran verdaderamente para él «su jardín y su paraíso». Y podía llegar a decir que él «no visitaba los hospitales de incurables para ganarse el cielo, sino para irse habituando a él».

Pero, entre todas las cosas formidables que cuentan de él sus biógrafos, hay una que a mí me impresionaba de modo muy particular. La naturaleza había dado a Camilo un cuerpo de gigante, y ocurrió que, caminando un día con un joven novicio, mientras el sol picaba feroz mente desde el cielo, Camilo puso en marcha su fantasía –porque hace falta fantasía hasta para hacer caridad– y dijo su compañero: «Hermano, yo soy muy alto. Camina detrás de mí. Así te haré sombra y te librarás del sol». Y así siguieron caminando, ajustando Camilo sus andares a la esfera del sol para que los rayos no atacaran a su compañero. Y así Camilo descubrió que amar es dar, dar aunque sea una cosa tan poco importante como la propia sombra.

La gente –tan acostumbrados estamos al consumismo y a este mundo en el que las cosas se miden por lo que cuestan monetariamente– cree que lo que hay que dar a los demás es dinero o algo contablemente valorable. Y te dicen: Me encantaría ayudar a los demás, pero ¿qué tengo yo? ¿Cómo podría ayudarles? Y luego resulta que la gente necesita mucho más amor que ayudas; que una sonrisa o un poco de sombra valen más que un cheque.

Las Hermanitas de los Pobres tienen un lema precioso: «Flores, antes que pan». Y es que saben que los ancianos a los que atienden necesitan más cariño que comida, más respeto y dignidad que ayudas materiales.

Y tanta gente que podría dar compañía, sonrisas, sombra, amistad, se pasa la vida preguntándose: ¿Y yo qué voy a dar?

# 28
# EL NOVICIO SEDIENTO

La leyenda dorada de los padres del desierto cuenta la historia de aquel viejo monje que todos los días debía cruzar un largo arenal para ir a recoger la leña que necesitaba para el fuego. En los días de verano, cuando el sol ardía, el camino se hacía interminable para el anciano monje. Por fortuna, en medio del arenal surgía un pequeño oasis en cuyo centro saltaba una fuente de agua cristalina que mitigaba los sudores y la sed del eremita. Hasta que un día el monje pensó que debía ofrecer a Dios ese sacrificio: nunca más se inclinaría hacia la fuente y regalaría a Dios el sufrimiento de su sed. Y al llegar la primera noche, tras su sacrificio, el monje descubrió con gozo que en el cielo había aparecido una nueva estrella, brillante, tan alegre como la fuente a la que había renunciado.

Desde aquel día el camino se le hizo más corto al monje. El sudor era casi una alegría. Renunciar a la fuente se había vuelto sencillo, porque el gozo de ver «su» estrella encenderse cada noche en el cielo era mucho más intenso que la sed que el sol del camino producía. Y el monje se habituó al descubrimiento diario de aquella estrella que le testificaba que Dios estaba contento con él.

Hasta que un día tocó al monje hacer su camino junto a un joven novicio. El muchacho, cargado con los pesados haces de leña, sudaba y sudaba. Y cuando vio la fuente no pudo reprimir un grito de alegría: «Mire, padre, una fuente». En un segundo cruzaron mil imágenes por la mente del monje: si bebía, aquella noche la estrella no se encendería en su cielo; pero si no bebía, tampoco el muchacho se atrevería a hacerlo y, sin dudarlo un segundo, el eremita se inclinó hacia la fuente y bebió. Tras él, el novicio, gozoso, bebía y bebía también. Pero mientras le miraba beber, el anciano monje no pudo impedir que un velo de tristeza cubriera su alma: aquella noche Dios no estaría contento con él y su estrella no se encendería. Pero nada dijo de esta tristeza. Porque eso habría entristecido también al muchacho.

Y al llegar la noche el monje apenas se atrevía a levantar los ojos al cielo, que hoy le parecería vacío. Lo hizo, al fin, con la tristeza en el alma. Y sólo entonces vio que aquella noche en el cielo se habían encendido no una, sino dos estrellas. Aquel día entendió el monje esa frase evangélica que dice que Dios ama más la misericordia que todos los sacrificios. Entendió que Dios no ama el esfuerzo por el esfuerzo, sino que lo que mide es el amor con que las cosas se hacen. Descubrió que el hacer feliz al prójimo es más meritorio que todas las privaciones. Supo que uno no debe mortificarse nunca mortificando a los demás. Vio que en el alma de los hombres se encienden tantas estrellas como hombres amamos.

## 29
# LA VERDAD ES SINFÓNICA

Espero que ustedes me permitan decir que una de las cosas que más me divierten –uno es un poco sádico, qué le vamos a hacer– es presenciar una discusión cuando en ella no tengo ni arte ni parte. Me apasiona ver a los contendientes, aguzando la inteligencia, tratando a toda costa de imponer sus puntos de vista.

Lo primero que observo es que ninguno de los contendientes escucha a su adversario. Si no le interrumpe y le deja hablar no es porque esté escuchándole: es porque, mientras el otro habla, lo que realmente está haciendo es preparar su siguiente respuesta, sin hacer, en cambio, el menor esfuerzo por oír las razones que el otro expone.

Lo segundo que veo es que los dos radicalizan sus posturas; van, incluso, mucho más allá de lo que piensan, porque lo que piensan se ve ahora reforzado por la necesidad de que el otro lo piense también.

Pero lo que observo con más frecuencia es que, normalmente, los dos que discuten tienen su parte de razón, de modo que, si uniesen sus razones en lugar de contraponerlas, tendrían juntos mucha más verdad que separados.

Cuando observo estas cosas siempre sonrío por dentro, pero me río no sólo de los contendientes, sino también de mí mismo, porque descubro que eso mismo me ocurrirá, sin duda, a mí, cuando discuto.

Es cierto: todos defendemos «nuestra» verdad como si la verdad pudiera ser propiedad privada. Y creemos estar defendiendo la verdad cuando lo que realmente defendemos son los ojos con los que nosotros la vemos. Por fortuna, la verdad no es de nadie, porque comúnmente la verdad es de todos y todos tienen su parte de verdad que nos ayudaría, si fuésemos inteligentes, a completar la nuestra. Urs von Balthasar lo ha dicho perfectamente en el título de uno de sus libros: «La verdad es sinfónica». Es cierto: son muchas voces distintas las que componen una sinfonía. Son muchas verdades unidas las que caminan juntas hacia la única gran verdad definitiva.

Machado también lo decía en unos versos inolvidables: «¿Tu verdad? No. La verdad. / Y ven conmigo a buscarla. / La tuya, guárdatela».

Efectivamente: siempre me interesarán más dos amigos buscando juntos la verdad común, que dos enemigos discutiendo como perros por imponer la propia.

# 30
# BASTA UNA CEBOLLA

¿Conocen ustedes la fábula rusa de la cebolla? Cuentan los viejos cronicones ortodoxos que un día se murió una mujer que no había hecho en toda su vida otra cosa que odiar a cuantos la rodeaban. Y que su pobre ángel de la guarda estaba consternado porque los demonios, sin esperar siquiera al juicio final, la habían arrojado a un lago de fuego en el que esperaban todas aquellas almas que estaban como predestinadas al infierno. ¿Cómo salvar a su protegida? ¿Qué argumentos presentar en el juicio que inclinasen la balanza hacia la salvación? El ángel buscaba y rebuscaba en la vida de su protegida y no encontraba nada que llevar a su argumentación. Hasta que, por fin, rebuscando y rebuscando se acordó de que un día había dado una cebolla a un pobre. Y así se lo dijo a Dios, cuando empezaba el juicio. Y Dios le dijo: «Muy bien, busca esa cebolla, dile que se agarre a ella y, si así sale del lago, será salvada».

Voló precipitadamente el ángel, tendió a la mujer la vieja cebolla y ella se agarró a la planta con todas sus fuerzas. Y comenzó a salir a flote. Tiraba el ángel con toda delicadeza, no fuera su rabo a romperse. Y la mujer salía, salía.

Pero fue entonces cuando otras almas, que también yacían en el lago, lo vieron. Y se agarraron a la mujer, a sus faldas, a sus piernas y brazos, y todas las almas salían, salían.

Pero a esta mujer, que nunca había sabido amar, comenzó a entrarle miedo, pensó que la cebolla no resistiría tanto peso y comenzó a patalear para liberarse de aquella carga inoportuna. Y, en sus esfuerzos, la cebolla se rompió. Y la mujer fue condenada.

He pensado muchas veces en esta fábula. Y me he acordado de aquella «gran promesa» que se hace en la epístola del apóstol Santiago: «Debéis saber, hermanos míos, que quien convierte a un pecador de su camino equivocado, ése ha salvado su alma de la muerte y ha cubierto la multitud de sus pecados».

¿Y por qué —me pregunto— los creyentes se han olvidado de esta «promesa» garantizada con todo el peso de la revelación? A mí, naturalmente, me parece bien la gente que hace los primeros viernes para «garantizar» su salvación. Pero entiendo que deberían ser muchos más los que se dedicasen a amar y salvar a los demás, con lo que garantizarían su salvación y llenarían sus vidas. Sólo el amor las justifica. Quien ama, vive. Aunque el amar haya sido solamente una cebolla dada un día a un necesitado. Sí, basta una cebolla para salvar al mundo entero. Siempre que no la rompamos pataleando para salvarnos nosotros solitos.

# 31
# GENTE POSITIVA

Me parece a mí que es en los hospitales donde la mayor parte de la gente muestra su verdadero rostro. En la calle, en los lugares de trabajo, uno puede caminar mostrando diariamente una máscara; pero en la antesala de un médico —y no digamos de un cirujano— uno abandona los controles hipócritas y se suele mostrar tal y como es.

Y es en los hospitales donde mejor se percibe la diferencia entre la gente positiva y la negativa. Vas por un pasillo y te encuentras amigos enfermos que te reciben con la bandera de la sonrisa desplegada. Todo va bien, te dicen. Sus problemas son tal vez serios, pero soportables. No les han quitado ni las ganas de vivir ni las esperanzas. Y todos, según ellos, son gentes estupendas: médicos, enfermeras, todos.

Esta es la gente positiva. Ante ellos también a ti te parece que tu enfermedad disminuyera. Y que el hospital fuera menos hospital.

Pero en la siguiente sala de espera está ya aguardándote la gente negativa. Dios nos libre de ella. Hay en los sillones próximos al mío dos señoras que, durante tres cuartos de hora, me asedian con su negativismo. No descansan un segundo de hablar de sus enfermedades, con todos los detalles, con la letanía de todos los horrores que tuvieron que atravesar, con los fallos que —según ellas— tuvieron médicos y enfermeras, con lo que —las pobrecitas— tuvieron que sufrir, con «no sabes lo que te espera, es horrible, es horrible».

Durante esos tres cuartos de hora siento que mi enfermedad crece. Yo, que había venido tan tranquilo, empiezo a tener miedo, me parece que mi imaginación está hurgando en mi estómago, tengo hambre, tengo ganas de huir del hospital. Y sé que oír a estas dos señoras contando cómo es la punción que me van a hacer es diez veces más doloroso que la punción misma.

Líbrenos Dios de estas andrómacas, que no saben otra cosa que ser profetizadoras de desgracias, masoquistas amedrentadoras del prójimo. ¡Pero, Dios mío, cuánta, cuánta gente hay como ésta! O, si son pocos, ¡cuánto se hacen notar! ¡Cuánto envenenan los hospitales con su siembra de miedos!

¿Por qué lo hacen?, me pregunto. ¿Es que se sienten más importantes presumiendo de dolores? ¿Es que gozan viendo cómo todos los demás en las salas de espera vamos palideciendo ante sus descripciones?

Sí, es cierto: cada mes, cuando me toca pasar mi serie de controles médicos, temo más a las conversaciones de hospital que a los mismos controles. Toda una mañana hablando de enfermedades, oyendo hablar de enfermedades, es muchísimo más cansado que la misma enfermedad. ¡Debería estar prohibido hablar de la salud en esos ambientes! La mitad de los males se curarían. A no ser que te encuentres con esa gente positiva que mira el mundo con sonrisas y que –bendita sea– parece haber nacido para animar a vivir.

# 32
# TENER RAZÓN

Una amiga me cuenta que, hace un par de domingos, le ocurrió algo extraño. Había salido de casa angustiada, ofendida con su marido porque «según su razón» la había ofendido, se había portado injustamente con ella. Por una bobada, pero le había hecho daño. Con este resentimiento en el alma, mi amiga se dirigió a misa. Y allí un sacerdote explicaba el encuentro de Jesús con Nicodemo. Comentaba cómo Nicodemo era el hombre que lo sabía todo, era la razón perfectamente organizada. Pero Jesús, que pensaba de otra manera, con el corazón, le pedía que abandonara sus cálculos puramente intelectuales y que volviera a nacer según el amor.

Y este comentario, que, en principio, no parecía tener mucho que ver con el problema de mi amiga, fue, sin embargo, para ella como un descubrimiento. Se dio cuenta de que estaba valorando desde baremos puramente intelectuales. Y entendió que si no empezaba a amar, como Jesús, nunca podría sentirse en paz con los demás. «Total –dice mi amiga–: había salido de casa toda ofendida, esperando que mi marido me pidiese perdón para ofrecérselo a regañadientes y, de pronto, empecé a sentir la necesidad de pedir yo perdón, porque entendí que mi modo de juzgar sin amor era mucho peor que la ofensa que mi marido me había hecho».

Transcribo esta historia tal y como mi amiga me la cuenta. Y me llena de alegría descubrir, una vez más, cómo la palabra evangélica sabe abrirse paso en las almas. Y descubrir también cómo mi amiga tenía la suya más abierta de lo que ella misma pensaba, para saber acogerla con tanta profundidad.

Efectivamente: una de las grandes pestes de la humanidad es que le hemos dado una importancia desmesurada a la razón. En primer lugar porque amarse, estar en paz, convivir alegremente, es muchísimo más importante que saber quién tiene razón. Y en segundo lugar porque de cada diez veces que decimos «yo tengo razón», nueve lo que estamos es imponiendo nuestro egoísmo, nuestro punto de vista, sin molestarnos siquiera por tratar de ver el del contrario.

Cuando dos riñen importa muy poco saber quién es el culpable. Lo más probable es que lo sean los dos en partes iguales. Pero, en todo caso, lo único urgente es reconquistar la paz. Tal vez más tarde –en paz ya y pasados los nervios– se verá con más claridad quién estuvo más errado. Pero ya dará casi lo mismo saber quién tenía razón. Porque lo único absolutamente cierto es que nunca hay razón para reñir, nunca la hay para dejar de amar.

# 33
# UN AMIGO FIEL

Un joven amigo, de los muchos que me escriben, me cuenta la historia de una etapa especialmente dura que le tocó vivir. Él había tenido, como tantos otros, una adolescencia feliz, limpia, creyente, sin mayores problemas, protegido tal vez por el ambiente familiar que le rodeaba. Pero el choque con la realidad fue más fuerte que sus defensas. Y se vino abajo. Dejó de creer en casi todo: en la política, en Dios, en las personas. Y cayó en la trampa del alcohol. La bebida le ofrecía cada noche una rebanada de euforia, pero a las noches de euforia sucedían siempre las depresiones de la mañana. «Mis compañeros –añade–, por no decir mis amigos, me animaban a beber más, ya que, cuando me ponía 'alegre', estaba bastante gracioso y, además, hablaba como si ya estuviera en la verdad. Mientras, los mejores amigos, que veían que me estaba matando, fueron dándome por imposible y me fueron dejando. Pero hubo uno, una de esas personas que misteriosamente también existen, que no se rindió e incansablemente siguió a mi lado sin dejarme. Y con el tiempo, él, un psicólogo y el 'footing' fueron piezas clave para mi nuevo nacimiento».

La verdad es que no se exagera cuando se dice que un buen amigo es un gran tesoro. Pero ¡qué difícil encontrarlo y, sobre todo, qué difícil mantenerlo en la adversidad!

Me impresiona comprobar cómo en casi todos los países del mundo los refranes hablan de esta maravilla casi imposible de los amigos en los tiempos oscuros. «Las buenas fuentes –dicen los chinos– se conocen en las grandes sequías; los buenos amigos, en las épocas desgraciadas». «Cuando la desgracia se asoma a la ventana, los amigos no se acercan a mirar», dicen los alemanes. En Jamaica oí decir una vez que «si quieres saber cómo es tu amigo, túmbate al borde de un camino y simula que estás borracho». Los polacos suelen comentar que «cuando la adversidad llama a tu puerta, todos los amigos están dormidos». Los turcos tienen un refrán que asegura que «quien cae no tiene amigos». Y los serbios aseguran que «no es en los banquetes, sino en las cárceles, donde se puede saber si un amigo es un buen amigo».

Parece, sí, efectivamente que la adversidad, como un mal olor, espanta a los mosquitos. Pero la verdad es que, por fortuna, esta regla, que refrendan todos los refranes, tiene sus excepciones y hay o puede haber amigos que es entonces cuando demuestran y confirman su amistad. ¡Afortunado quien posee esta perla! ¡Y más afortunado quien puede asegurar que siempre fue fiel a sus amigos!

# 34
# JUVENTUD SIN MAÑANA

Me alegró escuchar ayer mismo al papa predicando a los jóvenes austríacos que no hagan caso a quienes a diario les inyectan la idea de que la juventud actual no tiene futuro, que los jóvenes de hoy son «una gota perdida en el mar, un número casual de una estadística, una parte sin importancia en la computadora mundial». Todo eso no es cierto, clamaba el papa. Toda persona humana es mucho más que eso y los jóvenes puede que tengan que vivir más cuesta arriba que nunca, pero quienes se atrevan a vivir audazmente esa cuesta arriba encontraran en la cima un futuro del que vivir y por el que luchar.

Esa filosofía derrotista, que incita a los jóvenes a no luchar, puesto que se les da por supuesto el fracaso, me parece una de las mayores estafas, de los más peligrosos venenos de nuestro tiempo. Y no entiendo muy bien por qué se predica este pasotismo en lugar de incitar a la responsabilidad. Sobre todo cuando la experiencia demuestra a diario que un joven con agallas termina siempre por triunfar aunque tal vez no a la primera.

Lo grave es lo que tales teorías tienen de coartada para los cobardes y los mediocres. Nos hemos inventado un mundo imposible para justificar en él nuestras derrotas.

Mingote, que tiene el don milagroso de resumir en cuatro trazos toda una visión del mundo, lo contaba en *ABC*, cuando uno de sus personajillos comentaba: «Si un muchacho humilde cae en la droga y en la delincuencia, la culpa es de la sociedad. Si un muchacho humilde trabaja y se esfuerza y llega a director de Banco o a catedrático de biología molecular, el mérito es del individuo. Falta por averiguar quién es el responsable de que la mayoría seamos tan mediocres».

Efectivamente, en primer lugar está hoy «la sociedad» como la gran coartada. Cuando un abogado quiere defender a un delincuente, la culpa es siempre de la sociedad, que le empujó al delito. Y puede que en esto haya algo de verdadero. Pero siempre se oculta que, en ese mismo ambiente, con idénticas circunstancias, otros cien muchachos no cayeron en la delincuencia y tal vez hubo uno que ascendió a los puestos directivos de esa sociedad que, según el abogado, ahogó al primero. ¿Dónde estuvo la diferencia? ¿No será verdad que, a fin de cuentas, toda vida construida se ha logrado levantar a contrapelo de la sociedad?

Luego está la segunda gran pregunta: ¿Quién construyó la mediocridad de la mayoría sino la vagancia o la falta de entusiasmo de esa misma mayoría?

Me gustaría pedir a los muchachos que me lean que nunca busquen fuera de sí mismos las razones de sus fracasos, que tengan al menos el valor de descubrir en el espejo que ellos mismos son sus mayores enemigos. O sus mayores amigos, si, en lugar de buscar coartadas, se deciden a tomar su vida con las dos manos y a construirla durante años cada mañana y cada tarde.

# 35
# EL ARTE DE DAR LO QUE NO SE TIENE

A Gérard Bessière le ha preguntado alguien cómo se las arregla para estar siempre contento. Y Gérard ha confesado cándidamente que eso no es cierto, que también él tiene sus horas de tristeza, de cansancio y de inquietud, de malestar. Y entonces, insisten sus amigos, ¿cómo es que sonríe siempre, que sube y baja las escaleras silbando infalablemente, que su cara y su vida parecen estar siempre iluminadas? Y Gérard ha confesado humildemente que es que, frente a los problemas que a veces tiene dentro, él «conoce el remedio, aunque no siempre sepa utilizarlo: salir de uno mismo», buscar la alegría donde está (en la mirada de un niño, en un pájaro, en una flor) y, sobre todo, interesarse por los demás, comprender que ellos tienen derecho a verle alegre y entonces entregarles ese fondo sereno que hay en su alma, por debajo de las propias amarguras y dolores. Para descubrir, al hacerlo, que cuando uno quiere dar felicidad a los demás la da, aunque él no la tenga, y que, al darla, también a él le crece, de rebote, en su interior.

Me gustaría que el lector sacara de este párrafo todo el sabroso jugo que tiene. Y que empezara por descubrir algo que muchos olvidan: que ser feliz no es carecer de problemas, sino conseguir que esos problemas, fracasos y dolores no anulen la alegría y serenidad de base del alma. Es decir: la felicidad está en la «base del alma», en esa piedra sólida en la que uno está reconciliado consigo mismo, pleno de la seguridad de que su vida sabe a dónde va y para qué sirve, sabiéndose y sintiéndose nacido del amor. Cuando alguien tiene bien construida esa base del alma, todos los dolores y amarguras quedan en la superficie, sin conseguir minar ni resquebrajar la alegría primordial e interior.

Luego está también la alegría exterior y esa depende, sobre todo, del «salir de uno mismo». No puede estar alegre quien se pasa la vida enroscado en sí mismo, dando vueltas y vueltas a las propias heridas y miserias, autocomplaciéndose. Lo está, en cambio, quien vive con los ojos bien abiertos a las maravillas del mundo que le rodea: la naturaleza, los rostros de sus vecinos, el gozo de trabajar.

Y, sobre todo, interesarse sinceramente por los demás. Descubrir que los que nos rodean «tienen derecho» a vernos sonrientes cuando se acercan a nosotros mendigando comprensión y amor.

¿Y cuando no se tiene la menor gana de sonreír? Entonces hay que hacerlo doblemente: porque lo necesitan los demás y lo necesita la pobre criatura que nosotros somos. Porque no hay nada más autocurativo que la sonrisa. «La felicidad –ha escrito alguien– es lo único que se puede dar sin tenerlo». La frase parece disparatada, pero es cierta: cuando uno lucha por dar a los demás la felicidad, ésta empieza a crecernos dentro, vuelve a nosotros de rebote, es una de esas extrañas realidades a las que sólo podemos acercarnos cuando las damos. Y éste puede ser uno de los significados de la frase de Jesús. «Quien pierde su vida, la gana», que traducido a nuestro tema podría expresarse así: «Quien renuncia a chupetear su propia felicidad y se dedica a fabricar la de los demás, terminará encontrando la propia». Por eso, sonriendo cuando no se tienen ganas, termina uno siempre con muchísimas ganas de sonreír.

# 36
# EL MAL DEL MUNDO

Me ha conmovido la oración de una religiosa que le reza así a Dios: «No dejes, Señor, que colabore con el mal del mundo haciendo sufrir a los que me rodean. Haz que haga de puente entre tu amor y su realidad. Hazme oasis para que los demás puedan reposar un poco de su quehacer cotidiano. Hazme portadora de paz. Que, a pesar de mis limitaciones, mis razones, mis tensiones, puedas canalizar a través de mí un río de paz que no se quede en mí y vaya a los demás».

Toda la oración es muy hermosa, pero a mí me ha impresionado especialmente su primera línea porque no es muy frecuente que seamos conscientes de esa terrible realidad: «Yo puedo colaborar a la extensión del mal en el mundo».

Y es que nos hemos acostumbrado a pensar que el mal del mundo es una cosa anónima, que está ahí y de la que nadie tuviera la culpa. El terrorismo, la violencia, el consumismo, la obsesión por el dinero, la adoración de la carne, el embotamiento de las almas, todo eso y mucho más nos parece que es algo que nosotros padecemos, pero con lo que no tuviéramos nada más que ver. Decimos: «¡Qué mal va el mundo! ¡Qué pena el tiempo que nos ha tocado vivir!». Pero ni se nos ocurre pensar que nosotros pudiéramos ser corresponsables de ese mal que flota sobre nuestras cabezas.

Pero sucede que el mal no es hijo de padre desconocido, ni es algo que el demonio fabrique de la nada, ni es una especie de virus que genere la sociedad, entendida así, genéricamente. El mal es hijo del hombre, de la voluntad del hombre. El mal es una suma de males fabricados por una suma de seres humanos. Somos los hombres quienes hemos inventado y creado el hambre del mundo. Son compañeros nuestros quienes asesinan en los callejones. Son hombres como nosotros quieres respiran el clima de violencia en el que todos colaboramos y en el que cada uno de nosotros ha echado su mayor o menor paletada. Es el hombre quien ha envenenado la naturaleza con sus gases tóxicos. El dinero no es un becerro de oro surgido de las minas, sino un veneno consumido a diario, y a diario adorado por cada uno de nosotros.

Sí, sí, los hombres —es decir, nosotros— somos los autores, fabricantes, constructores, sostenedores del mal del mundo. Nace gracias a nosotros, por nosotros vive, de nosotros se alimenta; cada uno de nosotros puede contribuir a su aumento a poco que descuide el egoísmo de su corazón. Soñamos con hacer el bien y no sería ya poco que comenzáramos por no aumentar el mal.

Entiendo que esa monja pida a Dios que le ayude a no hacer sufrir a los que la rodean. Porque, ¿quién no ha hecho sufrir? ¿Quién no hace sufrir a alguien? Sí, son nuestras cóleras, nuestras intemperancias, nuestras «geniadas» (esas que disculpamos diciendo: «Yo soy así») las que engendran la gran violencia del mundo, el clima arisco que respiramos y que nosotros mismos hemos alimentado.

Ya sé que un hombre no debe vivir obsesionado por el mal. No hay, siquiera, que pensar en el mal más de lo justo. Pero no deberíamos ser tan ingenuos como para olvidar que ese mal puede ser en parte hijo nuestro.

# LOS PADRES ANCIANOS

La ancianidad de los padres es para muchos hijos el gran crisol de su cariño, la prueba de si les quieren de veras y también la hora de grandes amarguras. Las está pasando, por ejemplo, esta mujer que me escribe angustiada diciéndome que «duda muchas veces de que quiera a su madre». ¿Por qué? Su madre ha cruzado ya la frontera de los ochenta, está enferma y la edad y la enfermedad la han vuelto absorbente.

Quiere que su hija esté todo el día a su lado, la obliga a renunciar a sus vacaciones, a sus amistades, controla incluso las horas de entradas y salidas para ir al trabajo, se vuelve a veces insoportable y la hija no puede menos de estallar en algunas ocasiones; dice entonces cosas desagradables que dan un disgusto a su madre y se lo dan mucho mayor a la hija, que después se queda deshecha por haber perdido los nervios.

Con todo ello, la hija no puede evitar que suban a su cabeza pensamientos absurdos: «Pienso muchas veces internarla en una residencia para estar yo más tranquila». Pero piensa también que su madre fue siempre buenísima con ella y se avergüenza de tales pensamientos. «¿Es —me pregunta— que yo soy egoísta? ¿Es que soy una mala hija?».

Pues no, querida amiga. Usted no es una mala hija, es usted un ser humano. Y, por ello, a veces se cansa de luchar y a su cabeza acuden pensamientos absurdos —que yo sé que usted no realizará nunca—, pero que no puede evitar que visiten su mente. Pero, a fin de cuentas, lo que mide a los hombres es lo que hacemos y no las fantasías que pueden cruzar por nuestra cabeza inevitablemente.

Usted tendrá que empezar por serenarse y asumir como una tarea –difícil pero, a fin de cuentas, importantísima y hermosa– la de hacer feliz a su madre en los años que le queden en este mundo. Ella, con su edad, con su enfermedad, no puede evitar el ser como es. Quiere mimos, quiere cariño. Y es porque se siente débil y tampoco ella puede evitar el actuar con un poco de egoísmo invasor.

Pero usted, que es más joven, es quien tiene ahora que llevar el timón del problema. Y como usted quiere en serio a su madre, en conjunto lo llevará bien. A veces fallará. Llegarán momentos en que saltarán sus nervios y dirá palabras idiotas que luego la avergonzarán. Pero lo importante es que usted siga esforzándose por encima de esos fallos transitorios.

Piense: cuando usted tenía uno, dos, tres años, también era una niña caprichosa, lloraba de noche por tonterías, cogía pequeñas berraquinas. Y seguro que más de una vez alteró los nervios de su madre, que se dijo a sí misma: «¡Con qué ganas la tiraba por la ventana!». Pero, naturalmente, no lo hizo. La quiso a usted a pesar de sus manías.

Ahora se ha invertido el juego: es su madre la que se ha vuelto niña. Es usted quien debe demostrar que es adulta.

# 38

# ORACIÓN PARA PEDIR EL BUEN HUMOR

Quienes hayan leído con frecuencia este cuadernillo mío, sabrán ya de mi cariño hacia santo Tomás Moro, ese santo fascinante a quien la Iglesia debería proclamar patrón del buen humor. No se cuenta que hiciera en vida milagro alguno e incluso para su canonización le dispensó la Santa Sede los habitualmente necesarios milagros, tal vez porque toda su vida, y muy especialmente su muerte, fueron un milagro prolongado.

Encarcelado en la Torre de Londres (en un torreón que aún hoy impresiona visitar, oscuro, estrecho, sin sol y sin luz, sin libros ni fuego), vivió en ella el más largo de los secuestros, catorce meses, que invirtió en escribir uno de los libros más bellos y esperanzados de la tradición cristiana: sus comentarios a «La agonía de Cristo», que eran, a la vez, la historia de su propia agonía.

De él no sólo puede decirse que nunca perdió la esperanza, sino tampoco el buen humor, aunque nunca negara que sentía esa angustia «que tiene atornillado el corazón del prisionero».

Pocos días antes de ir al patíbulo escribía a su hija, Margarete: «Te suplico, con sincero corazón, que sirvas a Dios y estés contenta y te alegres. Y si ha de sucederme algo que te estremezca, entonces suplica a Dios por mí, pero no te conturbes».

Y esta serenidad que pedía a los demás la vivió él mismo: cuando en la madrugada del 6 de julio de 1535 se le comunicó que nueve horas más tarde le cortarían la cabeza se limitó a dar las gracias por «las buenas noticias» que le daban. Y caminó luego serenamente y sonriendo hacia el patíbulo. Cuando una mujer le ofreció un jarro de vino, lo rechazó amablemente diciendo: «A mi Señor le dieron hiel y vinagre, no vino». Y un momento después, al comprobar que los peldaños del cadalso estaban mal claveteados y se bamboleaban, pidió a uno de sus acompañantes: «Por favor, ayúdame a subir. Para bajar ya bajaré yo solo». Y aún tuvo el coraje de animar a su verdugo que estaba impresionado: «Haz acopio de valor, muchacho. Y no temas cumplir tu oficio. Mi cuello es muy corto, así que procura asestar bien el golpe, no vayan a creer que no conoces tu oficio». Y él mismo se vendó los ojos, puso la cabeza sobre el tajo y se detuvo aún para colocar bien la barba, no fuera cortada por el hacha, mientras aún comentaba: «La barba no ha cometido delito alguno de lesa traición».

Esa fue su muerte, porque esa había sido su vida. Y yo quisiera copiar aquí, y recomendársela a todos mis lectores, una preciosa oración compuesta por él, que marca un buen contraste con todas esas oraciones lacrimógenas que algunos elevan a Dios, olvidándose de que también a Él le gusta el buen humor.

Dice así esta plegaria de Tomás Moro:

*Señor, dame una buena digestión*
*y, naturalmente, algo que digerir.*
*Dame la salud del cuerpo*
*y el buen humor necesario para mantenerla.*
*Dame un alma sana, Señor,*
*que tenga siempre ante los ojos lo que es bueno y puro*
*de modo que, ante el pecado, no me escandalice,*
*sino que sepa encontrar el modo de remediarlo.*
*Dame un alma que no conozca el aburrimiento,*
*los ronroneos, los suspiros ni los lamentos.*
*Y no permitas que tome demasiado en serio*
*esa cosa entrometida que se llama «el yo».*
*Dame, Señor, el sentido del humor.*
*Dame el saber reírme de un chiste*
*para que sepa sacar un poco de alegría a la vida*
*y pueda compartirla con los demás.*

## 39
## LOS TRES CORAZONES

Decía fray Luis de Granada que los hombres debíamos tener «para con Dios un corazón de hijos, para con los hombres un corazón de madre, y para con nosotros mismos un corazón de juez».

Importante consejo que los hombres solemos cumplir... al revés: teniendo para con Dios un corazón de súbditos lejanos, para los demás un corazón de juez y para con nosotros mismos un corazón de madraza perdonalotodo. Y tal vez por eso funciona tan medianamente el mundo en que vivimos.

Tener para con Dios un corazón lejano es no haberse enterado de nada de la vida religiosa. Dios o es padre, o es un ídolo. Y resulta que muchos de nosotros se han fabricado una visión idolátrica de Dios a quien ven o con miedo, porque se le imaginan más juez que padre, o con interés, como si fuera alguien a quien hay que engatusar con mimos porque, sin ellos, no nos querría. Pero resulta que Dios exigente es ante todo Padre, es decir: estimulador, amigo desde las entrañas, generoso y abierto siempre al perdón y la misericordia.

Y aún lo hacemos peor con nuestros hermanos los hombres a quienes contemplamos con la escopeta de la crítica bien montada, dispuestos siempre a ver sus defectos y jamás sus virtudes. Y somos no sólo jueces, sino jueces especialmente duros, más amigos de aplicar fríamente la ley (la de nuestros puntos personales de vista) que de tratar de entenderles y comprenderles. ¡Con qué extraña dureza hablamos los unos de los otros! Y lo llamativo es que nadie nos ha nombrado jueces de nadie, pero nosotros nos autoatribuimos esa función y con frecuencia tenemos ya dictada nuestra sentencia (condenatoria) antes aún de oírles. ¡Como arriba nos juzguen con la medida con la que nosotros medimos… estaremos listos!

En cambio, qué magnánimos somos a la hora de disculpar nuestros fallos. Qué rara vez no nos absolvemos en el tribunal de nuestro corazón, dejando la exigencia para los demás. Incluso en nuestros errores más evidentes encontramos siempre montañas de atenuantes, de eximentes, de disculpas justificatorias. ¡Qué buenos chicos aparecemos en el espejo de nuestras conciencias debidamente maquilladas! ¡Qué capacidad de autoengaño tenemos!

Habría que cambiar en el reparto de corazones siguiendo el consejo de fray Luis de Granada. Bastaría con eso para cambiar el mundo. Queriendo a Dios como hijos cambiaríamos el miedo por el afán de hacerle feliz. Y este afán no debilitaría la religión, porque el amor siempre será más obligante que el miedo.

Y bastaría con sentirnos madres de los demás para entregarnos apasionadamente a ayudarles; al comprenderles, les estimularíamos en lugar de paralizarles con el rayo de nuestras condenas. Y ellos, al saberse y sentirse queridos, serían, sin mucho más, mejores.

Y si fuéramos para nosotros mismos un juez exigente, no apabullador, pero sí alguien que señala sin miedos los caminos torcidos en nuestro interior, ¡qué difícil nos sería dormirnos en los cojines de nuestra comodidad!

Ya lo saben, amigos: hay que poner en su sitio nuestros tres corazones.

# 40
# EL SOL DE LA VEJEZ

Leo una «Oración de la tercera edad» –firmada por José Laguna Menor– que me parece tan absolutamente hermosa que quiero transcribirla aquí íntegra para disfrutarla junto con los amigos lectores de estas páginas. Dice así: «Señor, enséñame a envejecer como cristiano. Convénceme de que no son injustos conmigo los que me quitan responsabilidad; los que ya no piden mi opinión; los que llaman a otro para que ocupe mi puesto. Quítame el orgullo de mi experiencia pasada y el sentimiento de sentirme indispensable. Pero ayúdame, Señor, para que siga siendo útil a los demás, contribuyendo con mi alegría al entusiasmo de los que ahora tienen responsabilidades y aceptando mi salida de los campos de actividad, como acepto con naturalidad sencilla la puesta del sol. Finalmente te doy gracias, pues en esta hora tranquila caigo en cuenta de lo mucho que me has amado. Concédeme que mire con gratitud hacia el destino feliz que me tienes preparado. ¡Señor, ayúdame a envejecer así!».

¿Hay algo que añadir a esta hermosura de texto? Sí, hay algo: hay que vivirlo. Y ¡qué difícil es envejecer con esa alegre naturalidad! ¡Qué duro para cualquier ser humano reconocer que ha entrado en el atardecer de su vida y aceptar, al mismo tiempo, que aún le queda mucho por hacer, pero que eso que le queda por hacer es algo muy distinto –aunque no menos importante– que lo hecho hasta ahora!

Porque hay dos cosas tristísimas: un viejo que se cree joven, y un viejo que se cree muerto. Y hay una tercera cosa estupenda: un viejo que asume la segunda parte de su vida con tanto coraje e ilusión como la primera.

Para ello tendrá que empezar por aceptar que el sol del atardecer es tan importante como el del amanecer y el del mediodía, aunque su calor sea muy distinto. El sol no se avergüenza de ponerse, no siente nostalgia de su brillo matutino, no piensa que las horas del día le estén «echando» del cielo, no se experimenta menos luminoso ni hermoso por comprobar que el ocaso se aproxima, no cree que su resol sobre los edificios sea menos importante o necesario que el que, hace algunas horas, hacía germinar las semillas en los campos o crecer las frutas en los árboles. Cada hora tiene su gozo. El sol lo sabe y cumple, hora a hora, su tarea.

Claro que tal vez la naturaleza es más piadosa con las cosas que los hombres con los hombres. Nadie desprecia al sol de la tarde, pero nadie le empuja a jubilarse, nadie le niega el derecho a seguir dando «su» luz, débil, pero luz verdadera, necesaria, a veces, incluso, hasta la más hermosa: ¡Qué bien sabe el enfermo lo dulce de este último rayo de sol que se cuela, por la última esquina de la ventana, sobre su cama! ¡Ah, si todos los ancianos entendieran que su sonrisa sobre los hombres puede ser tan hermosa y fecunda como ese último rayo del sol antes de ponerse! ¡Ah, si supieran que el sol nunca es amargo, aunque sea más débil! ¡Qué orgulloso se siente el sol de ser sol, de haberlo sido, de seguirlo siendo hasta el último segundo de su estancia en el cielo! ¡Señor, Señor, no me dejes marcharme hasta haber repartido el último rayo de mi pobre y querida luz!

# 41
# ELOGIO DE LAS BIBLIOTECAS

Fue Eduardo D'Amicis quien escribió aquello de que «el destino de muchos hombres ha dependido de que en su casa paterna haya o no haya habido una biblioteca». En mi caso puedo confirmarlo: una de las cosas que más tengo que agradecer a mis padres fue el que en mi infancia hubiera en casa libros, no muchos libros, pero sí los suficientes para alimentar mi imaginación y mi alma. Por eso compadezco tanto a muchos muchachos en cuyas casas veo que no hay otro comestible espiritual que tebeos, revistas y periódicos. Y recuerdo siempre aquella lamentación de Menéndez y Pelayo que, al quejarse de que su generación se hubiera educado en los cafés y en los clubes, decía que la siguiente, si quería valer algo, debería formarse en las bibliotecas. ¿Qué pensaría de los que se forman sólo en las discotecas, en los campos de deporte o sobre los lomos de las motos? Nada me asusta más que un joven que me dice que se aburre los sábados por la tarde o que machaca sus horas ante un televisor porque ni se le ocurre coger un libro con un mínimo de peso específico.

¡Qué envidia sentí en Israel cuando me dijeron que el suyo era un país que tenía más librerías que bares y cafés! ¡Y cómo lo comprobé, después, viendo, en todas las casas que visité, que el mejor de los rincones de la casa se dedicaba a una estantería literaria!

Hoy, en España, es cierto, se ha multiplicado la venta de libros. Se ven abundantes en los quioscos de las calles y en bastantes domicilios se encuentran tales o cuales colecciones baratas de novelas o de obras de historia o de viajes. Pero ¿qué libros son los que realmente se venden? ¿Cómo están seleccionadas esas bibliotecas?

Realmente no hay nada más difícil y personal que una antología de libros. A veces me escriben lectores que me piden que les haga listas de publicaciones. Y a mí me da la impresión de que alguien estuviera pidiendo a un médico, que no te conoce de nada, la lista de medicamentos que debes tomar.

Un libro hay que elegirlo como un amor, personalmente. Ir descubriendo lentamente qué autores le alimentan a uno, con cuáles se enriquece. Por eso toda biblioteca auténtica tiene que ser como un autorretrato de su dueño. ¡Y ay de las que no lo son! Emerson decía que «la biblioteca de una persona es una especie de harén. Por lo que todo lector con sensibilidad siente una especie de pudor al mostrar sus libros a los forasteros». Es cierto, mostrarla, si es auténtica, es como desnudar el alma, como enseñar los íntimo veneros en los que uno abreva.

Por eso un buen lector sabe que ha de irse quedando cada vez con menos volúmenes, pero más suyos. No hacen falta muchos para formar una gran biblioteca. Lo que sí hace falta es que sean libros muy leídos y, sobre todo, muy releídos. Porque el que no soporta dos lecturas es que no merece ninguna. Y lo mismo que un amigo sólo llega a serlo con muchos años de trato, igual un libro: lo es cuando nos ha ido acompañando desde la juventud hasta la madurez. ¡Y qué sabrosos los devorados en años juveniles! Dejan en el alma, como decía Mazzini, un perfume de primavera.

En cambio, ¡cuántos libros inútiles se publican y se leen! Montesquieu ironizaba al decir que «la naturaleza había dispuesto sabiamente que las tonterías de los hombres fueran pasajeras, y he aquí que los libros se encargan de hacerlas inmortales». No le faltaba una punta de razón. Sobre todo cuando se piensa en tantos que se publican por simple vanidad de sus autores. «Bien sé –decía Cervantes– lo que son tentaciones del demonio, y que una de las mayores es ponerle a un hombre en el entendimiento que puede componer e imprimir un libro con el que gane tanta fama como dineros y tantos dineros cuanta fama».

Pero si hay libros estériles también hay lectores capaces de esterilizar a la misma fecundidad. Porque hay quienes tragan páginas como si se drogasen.

Una buena lectura es un placer, pero también un trabajo. Y si el lector, al leerlo, no pone al menos la mitad del esfuerzo que invirtió su autor al escribirlo, lo más probable es que los dos queden infecundos.

Qué gusto, en cambio, cuando la biblioteca es tu reino y puedes decir como aquel personaje de Shakespeare que renunciaba a una posesión: «Mi biblioteca es un ducado suficientemente grande». Qué hermoso cuando tu biblioteca es la despensa y el hospital de tu alma. Cuando en ella te llenas de vida y te curas de las heridas del tiempo. Cuando se descubre que lo único malo de las bibliotecas personales es que uno no puede llevarlas consigo a la eternidad. Esperemos que arriba no falten «esos» libros que a uno le hicieron lo que es.

## 42

## TIRARSE LOS PLATOS

Una de mis muchas manías es ver la televisión sin voz. Durante las horas de aburrimiento inevitable (las de mi diálisis, especialmente) me gusta enchufar el aparato y ver lo que ponen, por si me tropezara con la extrañísima maravilla de que dieran algo que me interesase. Pero como no soy ni mortificado, ni masoquista, prefiero verlo al menos sin voz mientras escucho una buena música clásica. Así es como logro a veces soportar retazos de telenovelas en las que veo gesticular a sus personajes, mientras fantaseo inventándome yo los diálogos.

Y siempre hay algo que me maravilla muchísimo: en el 80 por 100 de las escenas, los personajes —y más si son matrimonios— se pasan la vida gritándose el uno al otro. Cada dos por tres, la pantalla muestra rostros avinagrados, coléricos, airados, ojos que despiden dardos, miradas que asesinan ¿Es que —me pregunto— en la realidad será así? ¿Es cierto que en la vida conyugal lo normal es tirarse los platos? ¿Es que la agresividad de este mundo actual tiene su primera y principal sede en el interior de los hogares?

A mí, la verdad, me cuesta bastante entender esto, porque tuve la suerte, en mi infancia, de no haber visto nunca a mis padres discutiendo, fuera de pequeñas anécdotas sin importancia ni duración. Pero, por lo que me cuentan y sobre todo por lo que nos cuenta la «tele», eso debe de ser una excepción y lo normal es que en las casas chorree el vinagre.

Si así fuera (y me resisto a creerlo) tendríamos una humanidad de estúpidos, ya que pocas estupideces mayores hay, en un humano, que discutir y reñir.

Uno, que siempre fue partidario del diálogo y la conversación, jamás lo fue de la discusión o la polémica. Y nunca creí eso de que «de la discusión (colérica) sale la luz». Y hasta estoy seguro de que un hombre inteligente jamás se irritaría si tuviera delante siempre un espejo y se viera a sí mismo mientras discute.

Y es que una discusión puede surgir de una pizca de verdad o de razón. Pero siempre acaba perdiéndose en el camino de la polémica. Generalmente nos irritamos cuando nos damos cuenta de que no tenemos razones suficientes para exponerlas tranquilamente. En todo caso, una vez que nos hemos embarcado en una discusión ya lo importante no son las razones que tenemos, sino ganar el debate y aplastar al contrario. Séneca decía muy bien que «la razón trata de decir lo que es justo, pero la cólera trata de que sea justo lo que ella ha decidido previamente». ¡Qué de argumentos se nos ocurren entonces! ¡Y qué tontos nos parecerían en frío! Y no nos importa contradecirnos o defender las argucias más peregrinas, lo que cuenta es que nuestros sablazos lógicos sean fuertes. Y es que la ira es como una borrachera, como una locura transitoria. Que, las más de las veces, lo que trata es de ocultar que estamos asustados o que somos cobardes. Shakespeare decía muy bien que «estar furioso es ser valiente por exceso de cobardía». Por eso, todos los que discuten me recuerdan a mi gata: que bufa a todos los visitantes que se le acercan, pero no porque piense atacarles, sino porque se muere de miedo y trata de aparentar ser mucho más feroz de lo que realmente es.

Claro que una pequeña cólera, sobre todo si pasa pronto y no deja huellas, no tiene demasiada importancia. E incluso es mejor que el silencio gélido de los que no estallan, pero acumulan dentro el veneno esperando el momento frío de la venganza. Pero en toda cólera existe el agravante de que en ella decimos –y decimos muy mal– esas cosas que todos tenemos dentro y que a lo mejor hasta harían bien a nuestro contradictor si las dijéramos en paz y dentro de un diálogo, pero que se convierten en puro veneno dichas agresivamente. ¿Y quién recoge una palabra dicha? ¡Cuántas almas viven heridas por una palabra estúpida que a otro se le escapó, entre las rendijas de la cólera!

Porque, en todo caso, las consecuencias de la cólera son siempre más graves que sus causas. La discusión que surgió por un arañazo termina casi siempre siendo una puñalada. ¿No habría sido mejor aceptar el arañazo?

Como escribía Thomas Fuller: «Hay dos cosas por las que un hombre nunca se debe enfadar: por las que puede remediar y por las que no puede remediar». Por las que puede remediar, porque mejor es dedicarse a remediarlas que enfadarse. Y por las que no puede remediar, porque ya no vale la pena enfadarse si son inevitables.

# 43
# LOS HOMBRES-BONSÁI

Los bonsáis se han puesto de moda. Ha bastado con saber que son el capricho de Felipe González para que se multipliquen en todos los escaparates de las floristerías, para que uno empiece a encontrárselos en las casas de los amigos, en las vitrinas de los grandes hoteles. Y uno –¿por qué no decirlo?– comenzaba también a padecer «la tentación del bonsái». Y hasta temo que habría caído en ella si sus precios no me hubieran convencido de que es un lujo que no puedo ni debo permitirme. Pero me encantaba la idea de tener en mi casa un bosque en miniatura, una de esas joyas de retorcimiento armonioso que a mí me parecen –vistos de lejos– un milagro. Pero sólo el otro día me acerqué a examinarlos de cerca en unos grandes almacenes. Y sentí algo bastante parecido al espanto: esos árboles, que parecen tan bellos, son exactamente la cima de la crueldad. Sus ramas, tan hermosas, están materialmente cubiertas de hilos, de alambres, lianas, cadenas que maniatan cada una de sus ramas, las amarran, las abrochan con corchetes, las conducen a la fuerza, las encorsetan, las esclavizan, las obligan a ser lo contrario de lo que su naturaleza desearía, han sido reducidas por una especie de jíbaros salvajes que, en nombre de una mayor belleza, someten la naturaleza del árbol a la más diabólica esclavitud. Uno ha entendido siempre que el jardinero ayude al árbol sosteniendo con tutores sus ramas demasiado pesadas o tal vez desviadas. Uno ha aceptado como normal que un árbol se pode de sus excrecencias para que, en la primavera siguiente, crezca mejor y más vigoroso. ¿Pero cómo aceptar una jardinería cuya esencia es ir contra la naturaleza del árbol, domeñarla, desviarla, torcerla, empequeñecerla a la fuerza, para que resulte más... bonita? Si los árboles sufrieran –y los naturalistas dicen que así es–, ¿qué aullidos no saldrán de esos escaparates llenos de bonsáis? Me pregunto si no podrá aplicárseles a ellos aquella terrible definición que Blas de Otero daba de los hombres: «Ángeles con grandes alas de cadenas». Las ramas, que son las alas de los árboles, lo que les permite alimentar el sueño de volar, convertidas en una cerca de alambres esclavizadores. ¡Qué cruel hay que ser para gozar contemplándolos!

Pero ahora me detengo para preguntarme a mí mismo si no será el bonsái un símbolo de nuestra civilización y si su espanto no será un retrato en miniatura de este mundo nuestro, lleno de hombres-bonsái y mujeres-bonsái.

Ya sé que la libertad absoluta es un lujo que los hombres nunca poseeremos en plenitud. Nacemos con cadenas. Nos condiciona el grupo social en que nacemos. Vivimos en el bienestar o en la miseria dependiendo del continente en el que venimos a la existencia. Nos potencia y a la vez nos liga la cultura que recibimos. Dependemos de la psicología e incluso de la biología heredada. Todos, sin que lo percibamos, tenemos las ramas del alma atenazadas de alambres. La democracia –aunque presumamos mucho de ella– nos aporta algunos milímetros más de libertad. Pero, ¿hasta dónde es libre el que piensa según la información que recibe, la televisión que ve, el trabajo que la realidad le impone, los estilos, la vida que, le guste o no, tiene que compartir?

Por eso toda la vida de cualquier hombre verdadero no es otra cosa que un afán por irse ganando centímetros de libertad. ¡Y ay del que se considere ya libre y descanse un solo momento en esa lucha por ensancharla y estirarla! En realidad sólo Dios es libre. Y aun Él está libremente encadenado por su propio amor. El hombre, todo hombre, incluso los mejores, es siempre un esclavo que trata de dejar de serlo. Y hasta sucede que hay no pocas personas que se pasan la vida hablando de libertad y se dedican en realidad a fabricar cadenas para los demás y para sí mismos.

Porque –y esto es lo más grave– las cadenas más opresoras no son las que heredamos o las que la sociedad nos impone, sino las que nosotros mismos fabricamos y nos colocamos en las manos y en el alma. El mundo tiende a multiplicar los hombres-bonsái, pero lo asombroso es que casi todos los hombres se «bonsaízan» a sí mismos. ¡Cuántas autoesclavizaciones en las almas! ¡Cuántas cárceles del corazón y de la inteligencia, cuyos carceleros son los mismos que yacen tras las rejas!

Al bonsái lo entuban y recortan para que sea más bello. ¡Y cuántos humanos renuncian a trozos de alma para aparentar belleza, para estar a la moda. para someterse al qué dirán! Veo ante el espejo a millones de mujeres que creen que están maquillando sus rostros, pero en realidad están siendo jardineras recortadoras de sí mismas, convirtiéndose en tiestos-bonsái. Veo a millones de humanos que no se realizan como humanos porque tienen que dedicarse a ganar dinero; que nunca construyen los verdaderos sueños que brotan de su espíritu porque les parece mas importante tener poder o aparentar. ¿Y qué pensar de una generación que tiembla ante la idea de ser acusada de «conservadora» y que, en nombre de ciertas progresías, está dispuesta a decapitar todas las normas morales que le brotan de lo mejor del alma? ¡Demasiados hombres-escaparate en el mundo! ¡Y qué pocos fieles a la naturaleza de su propio corazón!

¿Y cómo podrá producir así el mundo hombres-árboles-gigantes, bosques de almas enteras, seres realmente desarrollados? Nos quejamos de que la tierra está llena de «hombres pequeñitos», de «mujeres enanas», y luego resulta que llamamos realización al arte de ser vulgares, cuando no a la posibilidad de destruir nuestra vida. Las verdaderas cadenas no son las que maniatan nuestras muñecas, sino las que amarran el alma y el corazón. Las cárceles más cerradas son las del espíritu empequeñecido.

Si aplicáramos nuestra oreja al suelo del planeta Tierra escucharíamos los aullidos de esta selva-bonsái en la que la hemos convertido nosotros, los dictadores. ¡Ah, si esos aullidos nos empujaran a enarbolar pancartas pidiendo «libertad», pero las paseáramos, antes que por las calles de nuestras ciudades, por las otras calles de nuestra propia vida!

## 44

# LA SOLEDAD DE LOS NIÑOS

En una emisora de radio que suele dejar abierto su contestador para recoger las peticiones de sus oyentes se ha encontrado el otro día un mensaje conmovedor. Era una voz tímida y temblorosa que decía: «Soy Luci, tengo cinco años y quiero hablar contigo porque mis padres se van a separar y no me hacen caso cuando quiero hablar con ellos. En el 'cole' no quiero contarlo y no sé a quién decírselo. Te lo cuento a ti y así, al menos, ya he hablado con alguien».

¿Puede contarse con menos palabras una soledad tan honda? El mundo está, ciertamente, lleno de solitarios. Pero yo me pregunto si nos damos cuenta de que la soledad de las soledades es la que, de hecho, atraviesan en el mundo millares de niños entre cinco y diez años.

Nos hemos inventado la idea romántica –verdadera en muchos casos, por fortuna– de que los niños son todos felices, viven en Babia, no se enteran del dolor del mundo. Los vemos, en sus juegos, escondidos detrás de sus sonrisas, y ni podemos sospechar que puedan ocultar dolores vivísimos y soledades interminables.

¡Qué pocos son los adultos que reconocen que una de sus primerísimas obligaciones es hablar, sencillamente hablar, con sus hijos! No, pensamos, los niños son niños, no tienen nada que decir, nada que preguntar; que jueguen, que se distraigan, que nos dejen en paz. Es, ciertamente, más fácil enchufarles el televisor y ponerles un vídeo de dibujos animados que sentarse a hablar con

## 45
# REBELDES DE PACOTILLA

Cuando Jeannette, con su voz de canario constipado, cantaba aquello de «soy rebelde porque el mundo me hizo así», yo no podía evitar que me subiera a los labios una sonrisa entre irónica y compasiva. Porque ni la carita de la niña, ni la musiquilla de su canción, ni los contoneos con que la acompañaba, me parecían a mí, precisamente, un ejemplo de rebeldía. Cuando más, de una de esas rebeldías de pacotilla con las que, con frecuencia, nos obsequia la civilización contemporánea.

¿Estoy, con estas palabras, metiéndome con la idea de la rebeldía? ¿Voy a aconsejar, a continuación, el conformismo, la pacatez, el aborregamiento? ¡Dios me libre! La verdad es que, entre un conformismo burgués y una rebeldía, apostaré siempre por la segunda. Porque pienso que el que esté satisfecho, se sienta a gusto en el mundo en que vivimos, o está muy ciego o tiene muy cortita el alma. Y quien, a continuación, se asome a su propio corazón y encuentra placentero el panorama, es que nació con espíritu de durmiente. Un hombre –joven o viejo, pero más si es joven– ha de pertenecer a la raza de los insatisfechos y esa insatisfacción le llevará, inevitable y afortunadamente, a alguna forma de rebeldía.

Pero, precisamente porque esa rebeldía es tan necesaria, es por lo que tenemos que examinarla con lupa. Y preguntarnos contra qué nos rebelamos, de dónde nos brota esa rebeldía y cómo vamos a realizarla para que no se nos convierta en resentimiento y amargura. Porque, efectivamente, rebeldías hay muchas y no todas son exactamente constructivas.

Habría que empezar por preguntarse contra qué nos rebelamos. Y la respuesta es bastante sencilla: contra el mal, contra la injusticia, contra la mediocridad. Y, para ello, habrá que empezar por el propio corazón. ¡Quien no empieza por rebelarse contra sí mismo, pobre rebelde será! A mí me hacen mucha gracia esos rebeldes de café que ni estudian, ni trabajan, ni son justos con los que les rodean. Lo suyo no es rebeldía, cuando más son simples ganas de chinchar. Toda rebeldía verdadera empieza en el espejo.

La segunda gran pregunta es la que nos advierte sobre los peligros históricos de todas las rebeldías y nos obliga a estudiar con qué fuerzas y con qué alma contamos para emprenderlas. Porque hay dos hechos que la historia confirmó miles de veces: que de cada cien rebeldías (en lo político, en lo militar, en lo cultural) fracasaron, al menos, noventa, cuando no noventa y nueve. Y uno segundo aún más grave: que –como escribía Concepción Arenal– «de las pocas rebeldías triunfantes, ni una sola llena el objeto que, al rebelarse, se habían propuesto los rebeldes». La historia está dramáticamente llena de rebeldes que, al llegar al poder, se volvieron burgueses, o se fueron al extremo opuesto, o comenzaron a aplicar las mismas leyes que combatían. Lo mismo que está llena de rebeldes que, al fracasar, se convirtieron en simples resentidos. Hay que tener mucha cantidad de alma para soportar un fracaso. Y mucha más para sobrellevar una victoria. Sin ello se hace verdad la terrible constatación de Scherr: «Los rebeldes de ayer son siempre los déspotas de hoy».

Pero más importante es aún la tercera cuestión: qué tipo de rebeldía es la nuestra. Y aquí la respuesta –tajante– la dio Ortega y Gasset: «La única verdadera rebelión es la creación. Luzbel es el patrono de los pseudorebeldes».

Exacto: rebelarse para destruir es lo más fácil del mundo; decir «esto no me gusta», «esto hay que cambiarlo» es sencillísimo; lo peliagudo es saber por qué lo cambiamos, qué construirnos en su lugar.

ellos, darles esa oportunidad, esa necesidad que tienen de charlar con nosotros. Acabarán un día hablando con una máquina, porque al menos «han hablado con alguien».

Y esto ocurre con los pequeños de todas las clases sociales, pero aún más en los hijos de los ricos que en los de los pobres. Estos tienen mayor facilidad para hablar con sus compañeros de edad, pero ¡ay de los niños que viven rodeados de chachas que llenan a los pequeños de gritos, pero aún les escuchan menos que sus padres!

Creo que nos moriríamos de vergüenza si un día lográramos penetrar en lo que los chavales piensan de nosotros. En ese delicioso programa televisivo que se titula «Juego de niños», el domingo pasado uno de esos pequeños –jugando, jugando– definía la palabra «corazón» como «lo que no tiene mi profesora». Y otro explicaba que el cielo, para él, era «un lugar en el que los mayores están con los labios cerrados y todos medio dormidos». Los niños son crueles, ya se sabe. Pero, diciendo esas cosas, sangran por esas heridas que los adultos nos obstinamos en no ver.

Recuerdo lo que me impresionó aquel párrafo de Romain Rolland en el que dice: «No hay dolor más cruel que el del niño que descubre por primera vez la perversidad de los demás. Entonces se cree perseguido por el mundo entero y no encuentra nada que le sostenga».

Y en un mundo como el de hoy, que parece gozar mostrando la perversidad de los humanos –basta ver un telediario o leer una revista del corazón– y que, además, parece haber olvidado como una antigualla la necesidad de proteger a los niños, ¿cuántos estarán viviendo a los cinco años ese cruel dolor de la soledad, del desencanto ante aquellos a quienes más debían querer?

Y a un mundo que haya perdido el respeto al dolor de los niños, ¿qué le queda? Marañón aseguraba que «el adulto debe prestar ante el niño, por pequeño que sea, el mismo respeto que ante Dios». Pero hoy no parece que abunde el respeto a Dios ni la preocupación por el daño que nuestros gestos y palabras puedan hacer a los pequeños que nos rodean. Son tan chiquitos que no cuentan;

se les convierte, incluso, en mercancía al servicio del egoísmo de los mayores.

Y, sin embargo, habrá que seguirlo repitiendo: nada hay más sagrado en esta tierra que el dolor de un niño. Dostoievsky llegó a escribir que «si toda la felicidad de los hombres hubiera de lograrse al precio del dolor inmerecido de un niño, lo digno sería rechazarla». Pero, ¿quién vive hoy este dogma fundamental de toda ética humana?

Por eso Luci, cinco años, ahora que está solita en casa porque mamá se marchó a trabajar o a la compra, ¿a quién le contará que está triste porque sus padres van a separarse y que no sabe con quién le tocará vivir, puesto que ella les ama a los dos? ¿En qué hombro reposará su cabeza si sus padres, cuando regresen, estarán tan enfadados y tan preocupados por sus propios problemas que ni se enterarán de que está sufriendo? Entendedlo, no es una chiquillada. Luci será perfectamente lógica cuando busque un teléfono, llama a un contestador de voz metálica que no le responderá nada, pero que, al menos, la escuchará en silencio. Luci lo sabe, en un mundo inhumano, lo que más se le parece a lo humano es esa máquina.

En la historia de Buda se habla de un bandido –Angulimal– que fue un día a matar al hombre de Dios. Y Buda le dijo: «Antes de matarme, ayúdame a cumplir un último deseo: Corta, por favor, una rama de ese árbol». Con un golpe de espada el bandido hizo lo que Buda le pedía. Pero éste añadió: «Ahora vuelve a ponerla en el árbol, para que siga floreciendo». «Debes de estar loco –respondió Angulimal– si piensas que eso es posible». «Al contrario –dijo Buda–, el loco eres tú, que te crees poderoso porque puedes herir y destruir. Eso es cosa de niños. El verdaderamente poderoso es el que sabe crear y curar».

«Crear y curar», ésa es la verdadera rebeldía. Destruir el mundo, arrasar lo que no nos gusta, elaborar grandes proyectos, gritar contra el mal, eso es como un niño que, en la playa, se cree rebelde porque destruye de una patada un castillo de arena. Pero las rebeldías que el mundo necesita son las que crean, curan, ayudan, alivian, mejoran, alimentan a la humanidad. Los demás, los que se quedan en sueños y palabras, los que son muy agudos criticando, los que sólo saben lo que quieren destruir, son simples rebeldes de pacotilla.

## 46

# DIOS EN EL ASCENSOR

Un monje de Poblet ha escrito un artículo con el mismo título que yo pongo a este mío y en el que comenta un viejo dicho monástico que decía «L'escalier c'est l'endroit de Dieu» (La escalera es el lugar de Dios), frase con la que los antiguos benedictinos querían decir que, cuando paseaban por sus claustros o subían sus larguísimas escaleras, ése era el momento ideal para conversar personalmente con Dios, en una oración menos solemne que la oficial de sus horas de rezo, pero no menos verdadera. Y añadía el de Poblet que, ahora que las viejas escaleras han sido sustituidas por ascensores, tampoco es un mal lugar para hablar con Dios la soledad de estos modernos montacargas.

Pero, leyéndole, yo pensaba: Se ve que en Poblet los ascensores suben y bajan casi siempre desiertos. Porque yo, en mi casa, raramente me encuentro en soledad en los ascensores, siempre abarrotados de señoras con bolsas de la compra, de niños con bicis y pelotas, de chavalas que salen de sus casas aún peinándose, de señores con perros.

Mas luego, cuando pensé mejor las cosas, me asaltó otro pensamiento: ¿y no será este encuentro diario con mis vecinos mi mejor manera de encontrarme con Dios? ¿No serán todos ellos la forma visible que toma Dios para mí?

Así las cosas, recordé aquella otra vieja historia de un monasterio en el que la piedad había decaído. No es que los monjes fueran malos, pero sí que en la casa había una especie de gran aburrimiento, que los monjes no parecían felices; nadie quería ni estimaba a nadie y eso se notaba en la vida diaria como una capa espesa de mediocridad. Tanto, que un día el padre prior fue a visitar a un famoso abad con fama de santo, quien, después de oírle y reflexionar, le dijo: «La causa, hermano, es muy clara. En vuestro monasterio habéis cometido todos un gran pecado: Resulta que entre vosotros vive el Mesías camuflado, disfrazado y ninguno de vosotros se ha dado cuenta». El buen prior regresó preocupadísimo a su monasterio porque, por un lado, no podía dudar de la sabiduría de aquel santo abad, pero, por otro, no lograba imaginarse quién de entre sus compañeros podría ser ese Mesías disfrazado. ¿Acaso el maestro de coro? Imposible. Era un hombre bueno, pero era vanidoso, creído. ¿Sería el maestro de novicios? No, no. Era también un buen monje, pero era duro, irascible. Imposible que fuera el Mesías. ¿Y el hermano portero? ¿Y el cocinero? Repasó, uno por uno, la lista de sus monjes y a todos les encontraba llenos de defectos. Claro que –se dijo a sí mismo– si el Mesías estaba disfrazado, podía estar disfrazado detrás de algunos defectos aparentes, pero ser, por dentro, el Mesías. Al llegar a su convento, comunicó a sus monjes el diagnóstico del santo abad y todos sus compañeros se pusieron a pensar quién de ellos podía ser el Mesías disfrazado, y todos, más o menos, llegaron a las mismas conclusiones que su prior. Pero, por si acaso, comenzaron a tratar todos mejor a sus compañeros, a todos, no sea que fueran a ofender al Mesías. Y comenzaron a ver que tenían más virtudes de las que ellos sospechaban. Y, poco a poco, el convento fue llenándose de amor, porque cada uno trataba a su vecino como si su vecino fuese Dios mismo. Y todos empezaron a ser verdaderamente felices amando y sintiéndose amados.

Recordando esta historia, también yo empecé a ver con ojos nuevos a mis compañeros de ascensor. ¿Y si esta vecina que viene con rostro cansado arrastrando su carrito de la compra fuese una imagen, una encarnación de Dios? ¿Y si lo fuera esta chavala que a mí me parece tan ridícula con ese peinado de escarola?

Y empecé a darme cuenta de muchísimas cosas. Éstas: que convivo con un montón de gente estupenda a la que apenas conozco; que el ascensor es, en realidad, el único lugar en que convivo con ellos; que estas casas enormes como colmenas en las que vivimos amontonados no hacen más que acrecentar nuestro egoísmo y nos separan en lugar de unirnos; que en esas pocas ocasiones en las que me encuentro con ellos en el ascensor subimos muchas veces como pasmarotes casi sin hablarnos; que cuando yo sonrío en el ascensor a mi desconocido vecino y él me sonríe a mí, ya hemos iniciado una amistad; que no puedo perder esta ocasión para saber quiénes están enfermos o sufriendo en mi vecindad; que a lo mejor puedo curarles un poquito con tres o cuatro palabras amables; que Dios, en definitiva, viaja todos los días conmigo en el ascensor y que yo apenas me entero de ello, que no puedo ir a las iglesias a buscarle y dejar de darle la mano cuando lo tengo más cerca.

Y, mira por dónde, el ascensor de mi casa se me ha convertido en un santuario gozoso.

## 47
## ¿ES RENTABLE SER BUENOS?

En el anterior artículo me quedé con las ganas de contarles a ustedes la historia de Piluca.

Resulta que, en el colegio donde yo fui muchos años capellán, había dos hermanitas –Piluca y Manoli– que eran especialmente simpáticas y diablillos. Y un día, hablando a las mayores (y a Piluca entre ellas) les expliqué cómo todos los que nos rodean son imágenes de Dios y cómo debían tratar a sus padres, a sus hermanas, como si tratasen a Dios. Y Piluca quedó impresionadísima.

Aquel día, al regresar del colegio, coincidió con su hermana pequeña en el ascensor. Y, como Piluca iba cargadísima de libros, dijo a Manoli: «Dale al botón del ascensor». «Dale tú», respondió la pequeña. «Dale tú, que yo no puedo», insistió Piluca. «Pues dale tú, que eres mayor», replicó Manoli. Y, entonces, Piluca sintió unos deseos tremendos de soltar los libros y pegarle un mamporro a su hermanita. Pero, como un relámpago, acudió a su cabeza un pensamiento. ¿Cómo la voy a pegar si mi hermanita es Dios? Y optó por callarse y por dar como pudo al botón.

Luego, jugando, se repitió la historia. Y comiendo. Y por la noche. Y todas las veces que Piluca sentía deseos de estrangular a su hermana, se los metía debajo de los tacones porque no estaba nada bien estrangular a Dios.

A la mañana siguiente, cuando volvieron al colegio, veo yo a Piluca que viene hacia mí, arrastrando por el uniforme a su hermana con las lágrimas de genio en los ojos y me grita: «Padre explíquele a mi hermana que también yo soy Dios, porque así no hay manera de vivir».

Comprenderéis que me reí muchísimo y que, después de tratar de explicar a Manoli lo que Piluca me pedía, me quedé pensativo sobre un problema que me han planteado muchas veces: ¿Ser buena persona es llevar siempre las de perder? En un mundo en el que todos pisotean, si tú no lo haces, ¿no estarás llamado a ser un estropajo? ¿Hay que ladrar con los perros y morder con los lobos? ¿Es «rentable» ser cordero?

Las preguntas se las traen. Y, en una primera respuesta, habría que decir que ser bueno es una lata, que en este mundo «triunfan» los listos, que es más rentable ser un buen pelota que un buen trabajador, que para hacer millones hay que olvidarse de la moral y de la ética.

Pero, si uno piensa un poquito más, la cosa ya no es tan sencilla. ¿Es seguro que ese tipo de «triunfos» son los realmente importantes? Y no voy a hablar aquí del reino de los cielos. En ese campo yo estoy seguro de que la bondad da un ciento por uno, rentabilidad que no da acción alguna de este mundo.

Pero quiero hacer la pregunta más a nivel de tierra. Y aquí mi optimismo es tan profundo que estoy dispuesto a apostar por que, más a la corta o más a la larga, ser buena persona y querer a los demás acaba siendo rentabilísimo.

Lo es, sobre todo, a nivel interior. Yo, al menos, me siento muchísimo más a gusto cuando quiero que cuando soy frío. Sólo la satisfacción de haber hecho aquello que debía me produce más gozo interior que todos los triunfos de este mundo. Moriría pobre a cambio de morir queriendo.

Pero es que, incluso, creo que el amor produce amor. Con excepciones, claro. ¿Quién no conoce que el desagradecimiento es una de las plantas más abundantes en este mundo de hombres? ¡Cuántas puñaladas recibimos de aquellos a quienes más hemos amado! ¡Cuántas veces el amor acaba siendo reconocido... pero tardísimo!

Esa es la razón por la que uno debe amar porque debe amar y no porque espere la recompensa de otro amor. Eso llevaría a terribles desencantos.

Y, sin embargo, me atrevo a apostar a que quien ama a diez personas, acabará recibiendo el amor de alguna de ellas. Tal vez no de muchas. Cristo curó diez leprosos y sólo uno volvió a darle las gracias. Tal vez ésa sea la proporción correcta de lo que pasa en este mundo.

Pero, aun así, ser querido por uno de los diez a quienes hemos querido, ¿no es ya un éxito enorme? Por eso me parece que será bueno eso de amar a la gente como si fuesen Dios, aunque la mitad nos traten después como demonios.

## 48

# LO MÁS PRECIOSO E IMPORTANTE

Quienes me leen, saben el cariño que yo le tengo a Juan XXIII. He conocido en mi vida a seis papas y creo que puedo enorgullecerme de haber querido a los seis. Pero, ¿cómo ocultar que mi mejor cariño, el rincón más caliente de mis recuerdos es para el papa Roncalli? Y no le quiero sólo porque fuese papa, porque ocupara ese puesto tan querido para todo cristiano verdadero: le quiero, sobre todo, porque no creo que en este siglo haya existido un alma tan limpia como la suya, o al menos, ninguna que a mí me haya parecido tan honda y transparente.

Hoy, por ejemplo, he vuelto a releer aquella carta que escribió a sus padres al cumplir él los cincuenta años, y encuentro en ella un milagro de rústica sabiduría. Dice así:

«Queridos padres: No quiero terminar este día, que es el primero de mi quincuagésimo aniversario, sin una palabra especial para vosotros a quienes debo la vida. Bendigamos juntos a la Providencia y sigamos confiando en ella en la vida y en la muerte. Esta es la mejor manera de vivir. Confiar en el Señor, conservar la paz del corazón, echar todo a buena parte, obrar con paciencia y hacer el bien a todos y nunca el mal.

Desde que salí de casa a los diez años de edad, he leído muchos libros y aprendido muchas cosas que vosotros no podíais enseñarme. Pero lo poco que aprendí de vosotros en casa es ahora lo más precioso e importante que sostiene y da vida y calor a las demás cosas aprendidas después de tantos y tantos años de estudio y de enseñanza».

¿Hace falta comentar este milagro? No voy a insistir en esas líneas que tan maravillosamente resumen lo que es una vida cristiana y feliz: «Confiar en el Señor, conservar la paz del corazón, echar todo a buena parte, obrar con paciencia y hacer el bien a todos y nunca el mal». ¡Qué cinco gloriosas consignas! Cumplirlas bastaría para cambiar el mundo.

Pero sí quiero detenerme a comentar el último párrafo de la carta, ése en el que señala qué es para él «lo más precioso e importante» que ha recibido en su vida.

Hoy está de moda hablar mal de nuestros mayores. Charlas con jóvenes de diecisiete años y es raro el que está satisfecho de lo que ha recibido de sus padres. Conversas con gentes de mi generación y todos te cuentan el espanto que tuvieron que vivir en sus colegios: allí, por lo visto, lo único que hicieron fue torturarles, llenarles la cabeza de tabúes, cuando no, además, manosearles.

Yo tengo que repetir que o soy un bicho raro que no se enteró de nada, o tuve una suerte fuera de serie. Y pienso que es posible que también yo, a mis diecisiete años, dijera tonterías de esas. ¿Quién, en esa edad, no ha tenido necesidad de reafirmar su personalidad naciente y no lo ha hecho hablando mal de sus mayores? ¿Pero no sería también normal que, una vez que se le pasa a uno ese «pavo», empezara a reconocer que lo mejor de nuestra vida y de nuestra alma es precisamente lo que en nuestra primera infancia recibimos?

Al menos yo, proclamo que mis padres me enseñaron más que los miles de libros que después he leído, que lo más hondo de mi alma brota de ese hogar y, sobre todo, que «lo que hoy sostiene y da calor a todo lo demás» es lo que me dieron en mi casa. Las verdades decisivas, las raíces permanentes, lo que hace que hoy pueda yo mirar la vida con serenidad y alegría, ¿a quién sino a mi madre y a mi padre se lo debo? Si algún monumento hay que levantar en nuestro mundo, es el que cada hombre debe erigir en memoria de sus padres.

Sé, claro, que no todos dirán estas cosas tan rotundamente como yo las digo. Cada uno tiene sus calvarios y los más agrios están en algunas infancias. Pero, aun así, yo pediría a todos mis amigos que limpien sus ojos antes de juzgar, que no opinen desde los resentimientos, que intenten comprender los fallos que tal vez sus padres tuvieron. Y que, después de reconocer todos los errores que quieran, se vuelvan amorosamente sobre sus raíces porque puede que encuentren en ellas mucho más amor del que se imaginan.

No estoy invitando al romanticismo del «hogar, dulce hogar». Pero sí precaviéndoles contra una de las más falsas modas de nuestro tiempo, la de quienes, para divinizar nuestro presente, necesitan enlodar todo el pasado. O la de quienes, para justificar los fracasos de su vida, buscan los culpables en sus educadores. Eso es juego sucio.

# 49
# UNA MADRE CANSADA

Recibo con no poca frecuencia cartas de madres de familia que me cuentan que están cansadas. Cansadas de darlo todo por sus maridos y sus hijos, de trabajar como burras en sus casas y de no encontrar, en cambio, ni agradecimiento, ni comprensión, ni ayuda. Sé, naturalmente, que esto no ocurre con todas, pero también que son bastantes las que viven con ese agobio y esa sensación de fracaso. Alguna vez se trata de cartas extraordinariamente dramáticas. Como ocurre, por ejemplo, con una que he recibido hoy.

Es de una mujer que debe rondar entre los cincuenta y los sesenta años, que ha tenido muchos hijos y que viene trabajando fuera de su casa casi desde su juventud. Y dice:

«Siempre, al volver del trabajo, he ido corriendo a casa a cuidar de mis hijos. En contadas ocasiones he tenido alguna ayuda. Nunca se me ha reconocido nada. Mi marido, al terminar su trabajo, se iba de vinos hasta las tantas. A veces no venía en varios días. Ha tenido amantes. Hasta un hijo con una de ellas. Me ha dado palizas de muerte. Me ha insultado y, en más de una ocasión, me ha echado a la calle en plena noche. Cuando vuelvo de mi trabajo, sobre las siete, cansada y cargada con la compra, tengo que seguir con la casa y atender todo, puerta, teléfono, todo. Tengo aún en casa varios hijos que, aunque no son malos, siguen la norma de su padre en dejar todo el trabajo para mí. Si protesto, se me insulta; si me siento porque no puedo más (disfruto de varias enfermedades), se me dice 'perra' y 'marrana'; y cuando protesto y digo a los demás que no tienen conciencia, me dicen que no paro de criticarles y que conmigo no se puede vivir. He pensado irme de casa y dejar que se las arreglen solos y vean cuál es mi papel, pues mi marido me ha dicho en muchas ocasiones: '¿Cuándo te vas a morir?'».

Pienso que seguramente esta carta ha sido escrita en un momento de amargura y que esta madre me cuenta, probablemente, sólo las tintas negras de la realidad. Pero me temo que sea fundamentalmente verdadera y que el problema de esta mujer no sea tan excepcional como podría creerse. Hay muchas que, con tales o cuales matices, podrían escribir páginas parecidas.

Y concluye preguntándome esta señora: «¿Cree de veras que Dios me pide que aguante esto?». Y la respuesta es muy simple: No, ¿cómo puede Dios querer que un ser humano sea insultado, golpeado por quienes más obligación tendrían de quererle?

La verdad es que –aunque parezca que en las jóvenes generaciones esté disminuyendo– ha sido en España demasiado tradicional eso de cargar a las madres con tareas que deberían ser de todos. La vieja distribución del hombre que trabaja fuera y la mujer dentro de casa se ha convertido, hoy que muchas mujeres tienen también que trabajar fuera, en una doble carga para las madres de familia. Y son demasiados los hijos que, por no saber, no saben ni limpiarse los zapatos propios o hacer su cama. Y una familia es una comunicación de amor, pero como el amor se manifiesta andando, ha de ser también una inteligente distribución de trabajo.

Empezando, claro está, por el respeto. Quien insulta, sobre todo si es habitualmente, y más aún quien golpea, pierde con ello todos los derechos. Y si una madre lo soporta será, tal vez, una santa, pero también un poco tonta. Porque lo que no se debe sufrir, no se debe sufrir. Las soluciones concretas tendrán que verse en cada caso, pero, ciertamente, la postura ideal no tiene que ser el callarse eternamente. Porque es fácil decir que «cuando se ama, todo se sufre gozosamente» (y de ese amor de las madres abusamos), pero también lo es que una madre es un ser humano y se cansa como todo hijo de vecino.

Luego, resulta que, al final, todos acabamos descubriendo que nuestra madre ha sido lo mejor de nuestras vidas y hasta terminamos agradeciéndoles cuanto han hecho por nosotros, pero bueno sería que ese agradecimiento no esperase a la tumba.

¿Terminaremos algún día con ese machismo hispánico que hoy aún sobrecarga a las mujeres, sobre todo cuando a ese supertrabajo no le acompaña un mínimo de amor y cariño expresado?

Por eso a la madre de esta carta yo voy a decirle que tenga energía para defender sus derechos además del coraje que ya tiene. Pero me gustaría pedirles además a su marido y a sus hijos que tengan al menos esa cosa que se llama conciencia.

## 50

# LA MONJA GITANA

El correo de ayer me ha traído una triste noticia. Porque una de las cartas me cuenta que ha muerto Vera, aquella muchacha gitana, a la que, con el nombre de sor María Verónica, di yo la profesión en 1960. Me dijeron entonces que era la primera monja gitana de la historia. Y no lo puedo certificar, pero sí puedo asegurarles que siempre he mirado con envidia su aventura humana y espiritual.

Nació... no se sabe cuándo. Al bautizarse, con veinticuatro años, eligió como fecha de su nacimiento, en homenaje a la Asunción, un 15 de agosto de 1938. Pero Vera no tenía el menor recuerdo de su nacimiento ni de los padres a los que nunca conoció. Sus recuerdos más antiguos eran los del hambre de la posguerra, los de los caminos sin camino por la geografía de España. Los pies descalzos, el largo pelo en trenzas morenas que le llegaban hasta la cintura, las largas faldas de colorines hasta los pies. Y el correr, y el correr.

Y todo cambió cuando Vera cumplió los dieciséis años: la edad de casarse. El patriarca de la familia con la que viajaba se puso un día a hacer cálculos sobre cuánto tendría que apoquinar el que la pretendiese. Y entonces surgió la Vera más auténtica. «Yo no soy un caballo para que me vendan: no me casaré nunca».

Pero la familia le tiene ya buscado un novio. Y entonces Vera huye, vive tres días perdida, corriendo como una loca por los campos. Al fin –muerta de hambre y cansancio– la encuentra la policía y la devuelve a los suyos. «A un correccional es donde hay que llevarla», grita el jefe de la familia, que piensa que la muchacha se ha escapado para irse con otro hombre. Y así es como Vera termina en la casa de reeducación que unas monjas tienen en una capital castellana de cuyo nombre voy a olvidarme.

La verdad es que Vera no era precisamente una muchacha cómoda y dócil; el grito nace en su boca como la hierba en los campos regados. Pero la gentileza de las religiosas acaba haciendo mella en la muchacha que nunca ha sido tratada por nadie con ternura. Y es ella un día la que pide ser bautizada y hacer la primera comunión.

Mas todo sigue siendo difícil. Se niega a cortarse o recortarse las trenzas «porque eso trae desgracia». No acepta renunciar a sus gigantescos pendientes, símbolo gitano de la gracia y la riqueza.

Y un día Vera, con todas sus compañeras, va de excursión a un antiguo convento benedictino. Es día de fiesta y de libertad. Se come y se juega en el campo. Pero a Vera lo que le sorprende es la vida de aquellas cuarenta mujeres allí encerradas. Las ve moverse tras la espesa reja y todo la llena de curiosidad, y, de pronto, grita: «¡Ésta es mi casa, no me moveré de aquí!». Cuesta trabajo arrancarla de la reja a la que se aferra en una explosión de felicidad.

Cuando, a la fuerza, vuelve a la casa de reeducación, no cesa de hablar del monasterio. Pregunta y pregunta por la vida de las monjas de clausura. Todo el mundo piensa que pronto se le pasará ese ataque romántico. Pero los meses pasan y Vera sigue teniendo allí su corazón.

Mas, ¿podrá una gitana adaptarse a la vida de clausura? No hay nadie que se lo crea. Porque, además, Vera no sabe leer ni escribir. Pero ella insiste, chilla, pide ayuda. Al fin en 1958 las religiosas la dejan ingresar como postulante. Y todos están seguros de que no dura ni un mes. Pero se equivocan.

No porque la cosa sea fácil. La verdad es que Vera sigue teniendo sus estallidos de cólera y tiene una sensibilidad como un termómetro. Además, hay que aprender a leer y escribir. Y Vera lo soporta todo. «A veces –me dijo un día– pienso en los pájaros, que son libres y vuelan a donde quieren. Pero sé que eso es una tentación. Yo estoy encerrada en la jaula del amor y quiero con mi canto de fidelidad alegrar a Jesús y poner contenta a su Madre».

Su noviciado tuvo que ser más largo de lo habitual. Aunque a ella no le importaba. Ni siquiera le importaban aquellos salmos que, por entonces, aún se cantaban en un latín que Vera nunca llegó a digerir.

Y, por fin, en 1960 Vera realizó su sueño. Profesó con el nombre de María Verónica y empezó a vivir alegre su vida de pájaro enjaulado. Trabajaba en la cocina, hacía rosarios para mandar a sus hermanos gitanos que ruedan por el mundo. «Si mi gente –decía– conociera al Señor le amaría mucho más que nadie». Y a veces se quedaba pensativa recordando todos aquellos años en los que nunca pudo detenerse por los caminos del mundo. Pero sabe que alguien tenía que empezar a detenerse. Y se siente un eslabón de paz para el futuro.

Ahora, la muchacha que no quería ser vendida como un caballo, ha encontrado arriba otro monasterio sin rejas. Y piensa que los caminos de Dios son muy raros y que, en el fondo, no hay más que dejarse llevar por el amor.

# SAN MARTÍNEZ

Siempre he pensado que lo mejor del cielo deben de ser sus santos anónimos, los desconocidos, los que jamás serán canonizados ni aparecerán en ningún calendario, los san Juan García, san Pepe Rodríguez, san Luis Martínez, santa María González o santa Luisa Pérez. Porque, naturalmente y por fortuna, en el cielo hay muchísimos más santos que los que la Iglesia reconoce oficialmente. Aquí en la tierra hacemos las cosas lo mejor que sabemos —que es bastante mal—, pero en el cielo hilan muchísimo mejor y más fino. Y así, en la Gloria habrá montones de buena gente. Tan buena gente que ellos mismos se habrán llevado una sorpresa gordísima al encontrarse con que arriba les rinden culto, cuando ellos creían ser «de lo más corriente». Y es que resulta que para ser santo no hay que hacer nada extraordinario. Basta con hacer extraordinariamente bien las cosas ordinarias.

Si ustedes me permiten la autocita, voy a copiar aquí una especie de «decálogo para un hombre que quería ser santo» que yo escribí hace muchísimos años, cerca de cuarenta. Decía así:

*Amarás al Señor tu Dios en cada cosa*
*descubrirás su voz, su luz, su sombra.*

*Cantarás cada día al levantarte,*
*sonreirás al tiempo que te crece delante.*

*Al cruzar los umbrales de tu puerta, un momento
detendrás la pisada y dirás: «Estoy contento».*

*Tenderás la sonrisa como una mano a todos,
tendrás a flor de labios las palabras «amor»,
«claro», «nosotros».*

*Amarás el silencio del templo, y el quedarte
largo tiempo en un ángulo, y decir sólo: «Padre».*

*Al sentir en tus manos el roce del dinero
sentirás alegría... y un poquito de miedo.*

*No creas que tu esfuerzo ennoblece el trabajo,
sino que es el trabajo quien redime tus manos.*

*Amarás a tu esposa y a tus hijos, y el pobre
conocerá tus pasos, tu mano y no tu nombre.*

*Soñarás en ser mártir treinta veces al año
y lo serás seiscientas en el afán diario.*

*Te dormirás soñando que hay una mano blanca
que te cierra los ojos, mientras tú dices: «Gracias».*

No sé si cumpliendo estos diez mandamientos ingresará uno, sin más, en el cielo, pero la verdad es que yo ya me contentaría con cumplir la mitad. Y lógicamente, sin milagros. Me temo que hemos encadenado indebidamente la idea de la santidad y la de los milagros. Porque la Iglesia hace muy bien exigiendo el milagro como sello y garantía para canonizar a un santo. Pero aun éstos se realizan después de la muerte, porque lo que es para ingresar en el cielo a nadie le van a pedir que haya multiplicado los panes o devuelto la salud a los enfermos.

Por eso, más que hablar de «olor a santidad» yo suelo hablar de «olor a buena gente». Y en este mundo nuestro, estridente y dolorido, hay, gracias a Dios, mucho olor a buena gente. Son gentes de todas las edades y condiciones. Y uno se los encuentra donde menos sospechaba. Son enfermos que sonríen ante el dolor. Madres que no cejan ante los problemas y siguen amando. Hombres que hacen bien y apasionadamente su trabajo. Jóvenes con tremendas ganas de vivir y de formarse, muchachas de ojos limpios. Religiosas viejecitas que siguen teniendo el alma como sin estrenar. Aquella mujer que renunció a un trabajo mejor remunerado porque le impedía tener las horas que ella necesitaba para una vida profunda de oración. Esa muchacha que me escribe desde África contándome que fue allí con afanes de evangelizar a los negros y descubre que son ellos quienes la evangelizan. Esa muchacha ciega que dedica todas las horas libres de su vida a hacer felices a los enfermos de un pabellón de cancerosos. Esos padres que acaban de superar el trauma que les ha supuesto la muerte en accidente de su hijo y que han decidido donar todos sus órganos para que algunos enfermos vivan mejor. Ellos y muchos más, los Martínez, los Pérez, los García, los Rodríguez, los ciento cuarenta y cuatro mil elegidos anónimos. Ellos son lo mejor del cielo.

## 52

# TOLERANCIA Y FANATISMO

Recuerdo lo que me sorprendió, leyendo el *Diario del alma* de Juan XXIII, encontrarme con una frase en la que decía que en sus años de juventud estaba de moda el eslogan «Frangar, non flectar» (me romperé, pero no me doblaré), pero que él había preferido adoptar en su vida el contrario: «Flectar, non frangar» (me doblaré, pero no me quebraré).

Y me sorprendió porque, en ella, se resolvería de una manera muy tajante el viejo dilema: ¿Adaptación o intransigencia? Cuando nos encontramos con que alguna de nuestras ideas no es aceptada, ¿qué es preferible, replegarnos o asumir la intolerancia? ¿Es mejor chocar con un muro, a riesgo de rompernos la cabeza, o tratar de bordearlo y tal vez esperar?

Me parece que este dilema ha dividido –y aún divide– a los humanos desde hace muchos siglos. A un lado están los idealistas que creen tanto en lo que creen que lo enarbolan cueste lo que cueste. De este grupo han salido los mártires. Pero también los fanáticos. Enfrente están los pragmatistas, los que siguen aquel consejo que el general Torrijos dio una vez a Felipe González (y que éste pareció cumplir perfectamente): «¿Y qué hacemos cuando la realidad no se ajusta a nuestras teorías? Si somos inteligentes adaptaremos nuestras teorías a la realidad, ya que ésta no se deja cambiar tan fácilmente».

Pero yo diría que a un dilema como ése no se le pueden dar respuestas tajantes y generalizadoras, porque éstas serían todas equivocadas. Más bien habría que establecer algunas distinciones.

Un hombre, por de pronto, no debe ceder, ni cambiar, en nada que sea realmente sustancial en sus convicciones o en su vida. Hay una serie de cosas (la fe, el amor, la fidelidad, las metas del alma) en las que no se puede ceder un palmo sin traicionarlas y traicionarse. Dejar a los demás que piensen lo que quieran, pero seguir nosotros fieles a nuestras convicciones. Por ellas vale la pena romperse la cabeza, sin cambalaches, sin jueguecitos de oportunismo.

Pero también es cierto que esas cosas fundamentales, aunque sean muy importantes, son en realidad muy pocas y que la mayoría de los choques que se producen en nuestras vidas son por cosas muchísimo más secundarias. O por los modos, formas y fechas en que han de realizarse esas cosas fundamentales.

Si se observa con atención la realidad, se percibe que la mayoría de los choques humanos no se producen por discrepancias en ideas fundamentales, sino por el «modo» en que alguien quiere imponerlas o realizarlas, por la «forma» agresiva o insidiosa en que se formulan, o por tratar de llevarlas a la práctica antes de tiempo, sin que se haya producido su verdadera maduración.

¿Qué hacer en estos casos? Es evidente que la paciencia o el saber esperar es preferible a un querer imponernos a marcha de caballo; que es preferible ceder en ciertas formas de expresión para salvar la verdad fundamental; que habrá que recordar que muchas veces es más importante el modo en que se dicen las cosas que las mismas cosas que se dicen y que una verdad untada en vinagre es media verdad, mientras que ungida de caridad tiene muchas más posibilidades de ser aceptada.

Todo, claro, antes que incurrir en la intolerancia o el fanatismo. Porque la verdad es que la mayoría de los fanáticos se apoyan originalmente en algo verdadero, pero el fanatismo lo deforma de tal manera que siempre acaba sirviendo a un embuste. Y lo más grave es que el fanático, refugiado en la idea de que sirve a una verdad, se vuelve incapaz de percibir cómo la está deformando. Como decía el filósofo Santayana, «el fanatismo consiste en redoblar el esfuerzo después de haber olvidado el fin». Sí, trabaja tanto el intolerante y fanático que cuanto más cree que sirve a sus ideas más olvida que ya no trata de servirlas, sino de imponerlas, de vencer. Al final, su orgullo por la verdad es muy superior a la verdad misma.

En este sentido entiendo yo el «me doblaré, pero no me quebraré» de Juan XXIII. Así lo practicó en su vida: sabiendo que toda verdad es mucha más verdad dicha con dulzura; aceptando esperar a que las cosas maduren y sabiendo, incluso, que si no maduran en nuestras manos, ya florecerán en las de nuestros sucesores; renunciando a los relámpagos excomulgadores y prefiriendo la convicción, entendiendo que una gota de miel atrae más que un barril de vinagre.

# 53
# LA MÚSICA Y EL PARAÍSO PERDIDO

Me he preguntado muchas veces a mí mismo qué es lo que tiene la música (me refiero a la buena; a la única que merece ese nombre) que, cuando la escucho, me produce algo muy diferente del placer, o, al menos, algo muy distinto de todos los demás placeres de este mundo. Oír buena música, efectivamente, no es sólo «disfrutar» como cuando se come un helado, cuando se contempla un paisaje hermoso, o cuando el cuerpo se chapuza en una playa templada. El «placer» de la música es otra cosa, otra muy diferente y superior. Es algo que, literalmente, no es de este mundo.

Creo que fray Luis de León lo intuyó como nadie cuando escribió aquella bellísima oda a Francisco Salinas en la que, hablando de su música, escribe:

> *A cuyo son divino*
> *el alma, que en olvido está sumida,*
> *torna a cobrar el tino*
> *y memoria perdida*
> *de su origen primero esclarecido.*

No puede decirse ni más, ni mejor. Es cierto: el hombre es un desterrado que ha olvidado que lo es. El hombre «está sumido en el olvido», fue un príncipe, tuvo una vida y una herencia mejores y más gloriosas, y ahora, desterrado de ellas, ha procurado olvidarse para que no le duela demasiado su condición de exiliado. Vive por ello sumido en el olvido, vive «desatinado», sin tino. Y sólo en muy pocos momentos –sobre todo cuando escucha una buena música– recupera ese tino, recobra la memoria y se da cuenta de que ya no disfruta «de su origen primero esclarecido». Somos mucho más de lo que somos: fuimos mucho más de lo que creemos. Pero ese esclarecido, brillante, luminoso pasado, lo hemos chapuzado en el pequeño presente que vivimos para que no nos resulte demasiado amarga la nostalgia de ese ayer perdido.

Ésa es la razón por la que toda gran música tiene a la vez algo de alegría y de tristeza, algo de melancolía, algo de infancia. Voy a ver si me explico.

En primer lugar, la gran música es agridulce: dulce porque nos entreabre la puerta de regreso al paraíso. Desde un concierto de Mozart o una sonata de Beethoven uno se asoma a una ventana del cielo, entreví el gozo de ser hombre, la maravilla de tener alma, el entusiasmo de estar humanamente vivo. Pero, al mismo tiempo, todo esto se percibe a medias, como algo fugitivo, pasajero: es un gozo que no puede aferrarse. Uno querría sentarse en él, pero ya se ha ido cuando quieres darte cuenta. Es un vislumbre nunca saciado. Alguien nos entreabre una puerta por la que nunca podremos pasar en este mundo, y nos quedamos ahí, asombrados, admirados, semifelices, pero sin poder cruzar esa frontera.

Por eso hablo también de melancolía. La melancolía –como decía Panero– es «un ángel» que nos tiende la mano, pero una mano que nunca logramos alcanzar, algo muy gozoso que pasa a nuestro lado y se va.

Y por esa misma razón hablo de «infancia». La infancia es, como la música, una sensación de proximidad al origen, un tener la vida aún oliendo a las manos que acaban de crearla, sabrosa a Dios. Pero también, ¡ay!, fugitiva. Una infancia eterna sería, desgraciadamente, imposible. Lo bueno y lo malo de la infancia es que es como el sabor de una fruta en la boca, algo milagroso y pasajero.

Por todas estas razones ustedes comprenderán lo que tiene de blasfemia, al menos para mí, la mala música, la que huele a tierra.

Nada más profanable que la música, nada más diariamente profanado. Entenderla como frenesí sensual, como agitación, como droga, no es sólo un disparate estético, es una profanación esencial.

¿No tienen algo de realmente demoníaco muchos de los conciertos que hoy se presentan como el alma de nuestra juventud? Repito que no es un problema de gustos. De gustos no hay –como suele decirse– nada escrito y cada uno es muy dueño de tener los propios. Pero yo desconfiaría de la música que nos transportase, más que a las puertas del paraíso, a las del enloquecimiento. La música no debe sacarnos de nosotros mismos, mucho menos atontarnos e histerizarnos. La música lo es en la medida en que nos conduce al alma y nos la estira. Lo empequeñecedor no es música. Puede ser griterío cuando más.

Pobre fray Luis de León, pienso, si escuchara lo que hoy se lleva, o abriera nuestras emisoras de radio o de televisión. ¿Qué «Oda a Salinas» escribiría, escuchando unos ritmos que parecen tener como misión sumirnos más en el gran olvido de nuestra condición de príncipes desterrados?

## 54

# GENTE ABURRIDA

Cada vez me asombra más la cantidad de gente aburrida que hay en este mundo. Son personas que viven sin ilusiones, se dejan simplemente vivir, arrastrar por las horas, sin encontrar nada que les entusiasme e incluso nada que les interese. Las horas se les vuelven interminables, dicen que todos los días son iguales y todo les cansa. Les cansa lo malo, pero también lo bueno, incluso con más frecuencia esto último, ya que al género de los aburridos pertenece con frecuencia mucha gente a quien, en lo económico, les van bien las cosas. Pero viven sin apostar su corazón por nada.

Y no hay enfermedad peor y más difícil de curar que el aburrimiento. De él decía La Rochefoucault que «ha causado más víctimas que la voluptuosidad, más borrachos que la sed y más suicidas que la desesperación». Y Leopardi aseguraba que impiden mucho menos la felicidad los dolores que el hastío.

Es cierto: cuando este veneno entra en las almas, salir de él es un milagro. Porque el aburrido ni desea curarse ni experimenta la necesidad de hacerlo. Se acurruca en su aburrimiento y hasta se siente aburridamente bien ahí.

No estoy hablando de los pequeños aburrimientos transitorios. En toda vida humana hay quince tardes dormidas. Y gente muy llena de vigor y vitalidad, un día se encuentra sin ganas de nada y malbarata unas cuantas horas. Ni tampoco hablo de ese otro aburrimiento sanísimo que necesitamos tras un curso en el que se trabajó demasiado o después de unos días de estrés agotadores. Un dejarse dormitar mirando un paisaje hermoso frente al mar, un dejarse arrullar por una música de Bach que casi ni escuchamos son, en algunas circunstancias, medicinas necesarísimas.

Lo que me preocupa es el aburrimiento como estado de ánimo habitual, como manera de vivir. Que no son pocos los que lo practican. Gentes desilusionadas de todo, que ya no sienten curiosidad por nada, que «lo han visto todo» y que saben que nunca nada puede terminar bien, por lo cual no vale la pena empezar nada. Esa gente que te dice (recuerdo lo que me impresionó cuando, completamente en serio, me lo dijo una de mis viejas tías): «Aquí me tienes, esperando a la muerte».

Este hastío, este cansancio, es la termita de muchas vidas. Y, sobre todo, de muchos matrimonios. Cuando alguien no encuentra ya nada nuevo en su pareja, cuando todo se le ha vuelto rigurosamente rutinario, ¿qué porvenir tiene como matrimonio?

Contra esta enfermedad, me parece a mí, sólo hay tres remedios: el trabajo, el amor y el interés por las cosas pequeñas. Dejadme que lo comente.

En primer lugar, el trabajo. Y subrayo esto porque uno de los grandes errores es creer que el aburrimiento se combate divirtiéndose. «Si estoy aburrido esta tarde –se piensa– la solución es irme a un cine». Solución equivocada, porque, si el aburrimiento es verdadero, también aburrirá la película. Y es que las diversiones combaten los pequeños aburrimientos, pero los grandes y profundos sólo los derrota una nueva tarea digna de entusiasmar. Quien ama lo que está haciendo, quien tiene fe en su trabajo, ni tiempo tiene para aburrirse.

El amor es la segunda gran solución. En el fondo, como decía Tomaseo, «el hastío es una tristeza sin amor». Quien ama no se aburre, quien se aburre está dejando de amar. Y lo mismo que el frío se combate encendiendo fuego, el aburrimiento necesita nuevas estufas o fogones en el alma.

Pero tal vez lo más importante sea el descubrir el interés que las cosas pequeñas tienen. El que se aburre de vivir es, como decía

Amado Nervo, el que un día comienza a preguntarse: «¿Y esto para qué sirve? ¿Y esto con qué objeto lo hago?». Cuando uno deja que en el alma penetre esa desconfianza hacia todo, pronto terminará con una enorme desgana, con un absoluto desinterés por lo que se hace o lo que nos rodea. Con esa pregunta, formulada tercamente, acabaríamos por destruir el universo entero, todo nos parecería innecesario o inútil, acabaríamos por destruir la misma vida. Pero, frente al aburrido que repite: «Nada tiene objeto», el hombre realmente vivo proclama: «Todo tiene objeto». Todo, desde el canto de un ruiseñor hasta el pensamiento de Newton, desde las cataratas del Niágara hasta esa sonrisa que se reparte por la calle.

Este es el gran secreto: descubrir que todo vale, que nada es inútil, que todo es infinitamente valioso. Leo no sé dónde que los perros y gatos sólo bostezan cuando tienen hambre o sueño. Lo malo es que el hombre bosteza ante el maravilloso espectáculo de la vida.

# 55
# BAJAR DEL ÉXTASIS

Entre las cartas que a veces recibo de muchachos y muchachas jóvenes hay esta semana una que me parece que plantea (¡y qué bien escribe!) un problema muy común de la gente que está empezando a vivir en serio. Transcribo algunos de sus párrafos:

«Tengo veintidós años, alegría, juventud y fuerza para vivir, pero, en muchas ocasiones, me siento diferente y alejada de los demás. Río, hablo, pienso, disfruto y sufro con y como uno de ellos, pero siempre, tarde o temprano, he de huir. No se quién de nosotros pone esa barrera, pero no puedo cruzarla sin sentirme, la mayoría de las veces, feliz e irreal, y sigo sin saber el porqué de ese muro. Trato de ser sociable, pero acabo añorando mis solitarios paseos por la playa o por el camino. Mis pies dejan entonces de tocar la tierra, y así es como acabo alejándome de las personas. Esto constituye una paradoja: me siento atada y ahogada, y lloro por las personas que voy perdiendo. Creo que no sé vivir. Necesito un tiempo sin relojes y sin horas para aprender a expresarme, trato de vencer mi timidez día a día y una y otra vez, meto la pata, pierdo las oportunidades y agoto ese tiempo que, para mi desgracia, sí tiene horas y minutos. Quisiera saber cuál es la causa de esa infinita tristeza que a veces siento en mis entrañas; quiero saber el porqué de esa indiferencia y vacío que me impide pensar, sentir, vivir, amar. Sólo sé lo que no quiero: una vida insulsa, unas manos vacías, la espera… Pero no sé bien qué es lo que busco. ¿Por dónde empezar, por dónde?».

La carta de esta muchacha me ha recordado aquella escena en la que Saint-Exupéry describe el despertar de un soldado en guerra. El joven sargento, encerrado en las olas del sueño, ha conseguido olvidarse de los disparos y las bombas, y se ha encerrado en los recuerdos de sus horas felices, los días gloriosos de la infancia, la alegría de las antiguas excursiones y, de pronto, suena cruel la trompeta que le obliga a despertar. Pero él no quiere despertar, se agarra con sus puños «a no sé qué algas marinas»: se vuelve obstinadamente contra el muro «con la obstinación del animal que no quiere, no quiere morir y que, testarudo, vuelve la espalda al matadero». Pero la trompeta sigue y sigue sonando. Y aunque él hace un nuevo esfuerzo «para volver a sus sueños felices, para rehuir nuestro universo de dinamita, de fatiga y noche helada», «para salvar esa pobre dicha del sueño el mayor tiempo posible, para lo que busca enroscarse en las olas de esa imaginación en la que tiene aun derecho a creerse feliz», a pesar de todos sus esfuerzos, la trompeta sigue sonando y sonando, «y lo devuelve, inexorable, a la injusticia de los hombres, de la vida y de la guerra».

Todos, casi todos los hombres, hemos vivido esta experiencia de pasar de la adolescencia a la juventud. Unos antes, otros más tarde, hemos conocido ese «miedo a vivir» y hemos sentido la tentación de refugiarnos en nuestra vieja infancia, subirnos al éxtasis, quedarnos en un mundo en el que creíamos que no existía la mentira, la frialdad, los disparos. ¡Ah, qué bien se estaba allí! ¡Quién hubiera podido, incluso, retroceder aún más y replegarse a los úteros maternos tan calentitos, tan sin amenazas!

Y hay quien logra prolongar ese estado de indecisión, como el bañista que mete largamente el pie en el agua hasta comprobar que no está demasiado fría y da vueltas y vueltas por la playa sin decidirse jamás al chapuzón.

Pero, efectivamente, el tiempo pasa. Y si uno se encierra en ese éxtasis, no vive. La realidad, la corneta de la realidad, nos dicta que la infancia y la adolescencia quedaron ya lejos, que hay que salir del dulce sueño y entrar en la guerra de vivir.

¿Cómo? ¿Por dónde? Pues dejando de hacerse preguntas, por de pronto, y empezando a vivir descarada y valientemente. No preguntarse «¿sé amar?», sino empezando a amar, abrirse hacia los otros, ayudando a alguien, queriendo a alguien, sacrificándose por alguien. Y no huyendo de los demás. Entendiendo que ese muro, o no existe, porque es imaginario, o si realmente existiera, tenemos dos piernas para saltarlo. Meter la pata todas las veces que sea necesario, antes que congelarnos por miedo al sufrimiento y a la acción. Empezar por hacer bien lo que tenemos que hacer. Sobrecargarnos de tareas, si es necesario. Pero no encerrarse a vaguear en el sueño, no autofabricarse ese mito de irrealidad en el que uno se acuna y se complace.

Es decir: salir del éxtasis, tirarse al agua, atreverse a vivir. Será duro, pero es lo más hermoso y lo único que los hombres tenemos.

## 56

# ELOGIO DEL TRABAJO

Lo único bueno que está produciendo el paro es que la gente ha empezado a hablar con estima del trabajo, valorándolo como el tesoro que realmente es. Y esto es cosa importante porque hace no muchos años se acostumbraba –sobre todo en nuestro país– a hablar del trabajo como con cachondeo, como algo que no había más remedio que soportar, mientras el sueño de los sueños era poder llegar a vivir sin trabajar. Se decía, incluso, que la prueba de la admiración que los españoles sentíamos hacia el trabajo era que podíamos pasarnos horas y horas viendo cómo lo realizaban los demás. Era cierto: si veías un grupo de personas detenidas en una calle, podías estar seguro de que allí estaban reparando una cañería o construyendo una pared.

Pero lo más gracioso del asunto es que esa visión resignada ante el trabajo solía apoyarse en supuestos motivos religiosos. «El trabajo, te decían, es un castigo impuesto por Dios a nuestro padre Adán». Pero si uno releía la narración del Génesis descubría que Dios hizo que el hombre trabajara mucho antes del pecado. Dice que, después de la creación, le entregó el jardín del Edén «para que lo cultivase». Después del pecado lo que se añade es el sudor. Y el trabajo, que era placentero antes de la manzana, se vuelve cuesta arriba en la humanidad caída. Pero el trabajo en sí no es visto por la Biblia como un castigo, sino exactamente al contrario: como lo más ennoblecedor que puede hacer el hombre, al convertirse en colaborador de la creación iniciada por Dios y que los hombres tenemos que completar y mantener

Por todo ello el trabajo es para el hombre una obligación («el que no trabaja, que no coma», decía tajantemente san Pablo), pero además y sobre todo es su gran orgullo, lo que le justifica como hombre en la tierra.

«Muchas cosas –decía fray Luis de León– se han escrito en loor del trabajo, y todo es poco para el bien que hay en él. Porque es la sal que preserva de la corrupción a nuestra vida y a nuestra alma». Es cierto. Y Rilke lo decía más tajantemente: «Trabajar es vivir sin morir».

Efectivamente, lo único que el ser humano va a aportar a este mundo, que está creándose constantemente, es su trabajo, sus posibilidades de que algo nuevo surja y permanezca en él después de nuestra muerte. Nos iremos y ahí estarán las catedrales, las grandes obras de ingeniería pero también la humilde mesa que hizo el carpintero y el muro de ladrillos que construyó el albañil. Somos, con ello, pequeños dioses, diminutos creadores. Y, en realidad, no somos nosotros quienes hacemos nuestras obras, son nuestras obras las que nos hacen a nosotros, las que llenan de realidad y de alma nuestra vida. Hay una leyenda egipcia que dice: «Oh hombre, qué poco eres. Naces larva y vives larva. Pero si trabajas, morirás mariposa». A través de nuestras manos pasa el fluido de nuestra inteligencia y se posa en las cosas que cada día hacemos. Por eso las ampollas en los dedos son más honorables que todos los anillos.

Desde el punto de vista del alma trabajar es el mayor milagro: quien crea algo está multiplicando los panes o las cosas, está construyendo eternidad a través de la materia.

Y por eso está cada día más clara la importancia de un trabajo bien hecho. Y en esto, si se me permite, yo sería un poco pesimista: temo que las viejas generaciones sentían más que nosotros el orgullo de la perfección en el trabajo. Hoy se mide por lo que produce monetariamente, se trabaja estrictamente para ganar el pan. Y se hace todo de cualquier manera. Con lo que el trabajo pierde lo mejor que tiene: la pasión por lo bien hecho, el placer de ser verdaderamente creadores que, como el primero, puedan contemplar su obra y concluir que «todo estaba bien».

Recuerdo eso que cuenta Ana Magdalena Bach hablando de su marido, el gran músico, que solía decir: «Toco siempre para el mejor músico del mundo. Quizá no esté presente, pero yo toco como si lo estuviera». Por eso tocaba el clave o el órgano en su casa como si estuviera ante el más exquisito de los auditorios. Y es que no tocaba para agradar a nadie, sino para servir a la música, para sentirse tan digno como lo que tocaba.

Pero uno teme que hoy hayamos entrado en el reino de la chapuza, en la época del «tente mientras cobro» en la que se hacen las cosas para salir del paso o para justificar una nómina. Aquel viejo artesano para quien cada pieza que salía de sus manos era algo «único» y perfecto, parece que ha muerto o está muriendo. Y así es como el mundo se va poblando, más que de verdaderos creadores, de simples chapuceros.

## 57
# LA CONCIENCIA Y EL CAPRICHO

En sus discusiones con los anglicanos de su época, el cardenal Newman solía decir que «si después de una comida se viera obligado a hacer un brindis no tendría ningún inconveniente en beber a la salud del papa, pero, entendedlo bien, levantaría la primera copa por la conciencia y la segunda por el papa».

Respondía con ello el purpurado inglés a esa opinión tan difundida entre los no creyentes o los no católicos de que los que admiten el primado de Roma rinden únicamente culto a la obediencia, pero no a la conciencia, que hacen exclusivamente lo que los curas o los obispos les dicen, pero no atienden a la voz interior de su alma.

Y me parece muy importante reivindicar los derechos de la conciencia y recordar aquí que todas las religiones han subrayado su indiscutible papel. El viejo Lin Yutang escribía que «el sentido de la misericordia, el sentimiento de la dignidad, de la cortesía, de lo justo y lo injusto, está en la conciencia de todos los hombres». Y entre los paganos, Menandro recordaba que «la conciencia es la voz de Dios». Pero esta importancia no ha declinado en el mundo de la fe cristiana, que siempre ha sostenido que nunca estará permitido obrar contra nuestra conciencia, y que en el mismo concilio de Letrán formuló: «Quidquid fit contra conscientiam, aedificat ad gehennam» («lo que se hace contra la conciencia, construye para el infierno»).

Pero parece que habrá que hacer algunas aclaraciones. El propio Newman, después de la afirmación con que abro este artículo, puntualizaba, «por miedo a que mi pensamiento sea mal interpretado», que «cuando hablo de la conciencia, me refiero a la que realmente merece ser llamada así».

Porque, realmente, pocos términos hay como este de la conciencia que se estiren y se alarguen tan al uso del consumidor. Con demasiada frecuencia hay quienes te dicen: «Ah, yo obro según mi conciencia», y lo que quieren decir es que actúan según su conveniencia, su capricho, sus visiones personales y tal vez egoístas del asunto. Hay quienes llaman conciencia al deseo de ser lógicos consigo mismos, quienes la confunden con la tozudez o la terquedad. O con el afán de salirse siempre con la suya. De todas estas conciencias habría que decir lo que escribía Dostoievski: «La conciencia sin Dios es un error que puede extraviarse hasta convertirse en un pozo de crímenes». Efectivamente, no faltan criminales o delincuentes que depositan toda su responsabilidad en que eso «se lo pedía su conciencia».

Para entender de qué conciencia hablamos en esta página voy a citar de nuevo a Newman: «La conciencia es el vicario natural de Cristo; poeta por sus instrucciones, monarca por su absolutismo, sacerdote por sus bendiciones y sus anatemas, e incluso si el sacerdocio eterno pudiera dejar de existir en la Iglesia, este principio sacerdotal de la conciencia permanecería y ejercería su soberanía. ¿Pero qué queda actualmente de la noción de conciencia en el espíritu del pueblo? Ni en él, ni en el mundo intelectual la palabra conciencia ha guardado su antigua significación, verdadera y católica. Hoy esta palabra se usa con frecuencia, pero ya no evoca en absoluto la idea y la presencia de un Maestro del mundo moral. Cuando los hombres invocan los derechos de la conciencia, no quieren en modo alguno hablar de los derechos del Creador ni de los deberes de sus criaturas en sus pensamientos y en sus acciones, sino del derecho a pensar, hablar, escribir y obrar según su opinión o su humor, sin preocuparse lo más mínimo de Dios. Es el derecho de la propia voluntad».

Temo que el lector me encuentre en esta página más abstracto de lo habitual. Pero me parece extraordinariamente importante reflexionar sobre algo que tanto se usa y tanto se tergiversa.

Y es que seguir la conciencia no es seguir lo que me apetece por encima de toda norma y de todo valor. La conciencia no es otra cosa que la voz de Dios que habla desde dentro de nosotros y nos empuja a ser fieles a la sustancia de nuestra alma y a la dirección de nuestra vida. Por eso la conciencia es casi siempre una voz a contrapelo y una voz que empuja hacia arriba. Cuando los dictámenes de mi conciencia me dan la razón en lo que a mí me agrada, tengo motivos para pensar que no es mi conciencia sino mi conveniencia la que habla. La conciencia, en noventa y nueve de cada cien casos, es incómoda para el que la escucha, porque habla mucho más de deberes que de derechos; porque nos exige y no nos acaricia; porque nos recuerda constantemente que debemos caminar y no sentarnos; porque es el vigía molesto que cada día espera más de nosotros: porque es nuestro Pepito Grillo. La conciencia es otro hombre que hay dentro de mí. Es testigo, fiscal y juez y no un adulador complaciente. Es nuestro aguijón, gracias al cual logramos no dormirnos. Bien vale la pena levantar por él nuestra primera copa.

## 58

# HACER LO QUE SE PUEDE

Leo estos días la estupenda biografía del padre Arrupe, que ha escrito Pedro Miguel Lamet, y en ella encuentro una página que responde perfectamente a una de mis más viejas preguntas ¿Qué debe hacer el hombre frente a la catástrofe? ¿Qué hacer cuando parece que no hay nada que hacer porque todo en torno a nosotros –en nuestro cuerpo o en nuestra alma– parece que se derrumba?

Es ésta una cuestión que angustia a muchos. Porque no es infrecuente que un hombre se encuentre en esa tierra de nadie: o por una catástrofe física que nos aterra, o por uno de esos grandes dramas interiores que parecen remover la tierra bajo los pies de nuestra alma. ¿Qué hacer entonces? ¿Volverse a Dios gritando? ¿Desesperarse arañando el aire? ¿Llorar y llorar?

El padre Arrupe se encontró en 1945 en medio de la más espantosa catástrofe que hasta entonces había conocido la Humanidad: la explosión de la primera bomba atómica sobre Hiroshima. Aquella mañana, cuando el futuro general de los jesuitas acababa de decir su misa, una luz desgarradora redujo a cenizas su ciudad y produjo en pocos minutos más de doscientos mil muertos y heridos. Nadie entendía nada. Nadie sabía de dónde venía aquella fuerza destructora. Sólo veía que la ciudad había sido reducida a cenizas y sabía que, sin duda, junto a los muertos habría millares, decenas de millares de heridos. ¿Qué hacer? ¿A dónde acudir?

La primera reacción del cristiano padre Arrupe fue acudir a la capilla que estaba, también ella, medio destruida. Su corazón se llenó de preguntas: ¿Por qué Dios aceptaba, toleraba esto? Y ésta fue la respuesta que se dio a sí mismo:

«Por todas partes muerte y destrucción. Nosotros aniquilados en la impotencia. Y Él allí, conociéndolo todo, contemplándolo todo, y esperando nuestra invitación para que, juntos, tomásemos parte en la obra de reconstruirlo todo».

El padre Arrupe acertaba: Dios ha dejado el mundo en manos de la libertad de los hombres. Él no fabrica bombas atómicas; soporta que los hombres llevemos a esa locura nuestra libertad. Y lo conoce. Y sufre por ello más que nosotros. Y está ahí, esperando a que lo invitemos a la única respuesta válida ante el dolor y la catástrofe: poner junto a Él las manos para reconstruirlo todo.

Por eso el padre Arrupe no perdió su tiempo en hacerse preguntas, o en inútiles lamentos, o en una esterilizante desesperación. Hizo lo único que podía hacer. ¿Pero es que se podía hacer algo frente a aquella catástrofe? ¿No sería una gota en un mar cualquier acción de cualquier pobre humano frente a aquel mundo que se hundía?

«Salí de la capilla –dice el jesuita– y la decisión fue inmediata: Haríamos de la casa un hospital. Me acordé de que había estudiado medicina. Años lejanos ya, sin práctica posterior, pero que, en aquellos momentos, me convirtieron en médico y cirujano. Fui a recoger el botiquín y lo encontré entre ruinas, destrozado, sin que hubiera en él aprovechable más que un poco de yodo, algunas aspirinas, sal de frutas y bicarbonato».

Es decir: nada. Pero con esta nada se construyó el primer hospital improvisado de Hiroshima al que poco después comenzaron a llegar heridos como fantasmas ambulantes, con la piel desgarrada, hecha un amasijo con la ropa ennegrecida, los cuerpos cubiertos de ampollas y manchas rojas y violetas, sin saber cómo ni cuándo les había ocurrido tal cosa.

Y en aquel improvisado hospital, con un médico que no era médico, con medicinas que no eran medicinas, fueron aliviados muchos dolores, suavizadas algunas muertes, curados no pocos. Se hizo... lo que se pudo. En todo caso, infinitamente más de lo que se habría hecho si el padre Arrupe se hubiera puesto a llorar o lamentarse.

Pienso ahora en tantas bombas atómicas que estallan en tantas almas: la muerte inesperada de un ser querido que reduce a cenizas un corazón; la traición de un amigo que es peor que un veneno; la amargura de un hombre que se queda sin trabajo a los cincuenta años y ya no encontrará otro por el terrible delito de haber cruzado la cincuentena. Tantas y tantas catástrofes que parecen reducirnos a la impotencia, pero no es verdad: el hombre nunca es del todo impotente, siempre tendrá dos manos para seguir luchando, una fuerza para seguir esperando, un corazón para seguir amando. Es decir todo menos la amargura, todo menos la desesperación, todo menos el grito estéril dirigido a los cielos... en los que hay alguien que espera que le invitemos a participar en la tarea de reconstrucción. Porque ésta es la gran verdad: todo, todo, todo lo destruido puede ser reconstruido por un ser humano valiente.

# OPERACIÓN CONFIANZA

Leo en la prensa francesa que el teatro L'Oeuvre se ha lanzado a una curiosa aventura que ha bautizado «Operación confianza». En vista de que la última obra de Ives Jamiaque estaba siendo un fracaso de taquilla, se le ocurrió a su productor inventarse un nuevo sistema de pago: los espectadores no abonarían nada al entrar en la sala. Podrían asistir al teatro cuantos quisieran y únicamente se les invitaba a que, si la obra les gustaba, pagasen al salir, pero que no lo hicieran si no quedaban satisfechos. ¿Y cuál ha sido el resultado? La obra está produciendo el doble de lo que con los clásicos sistemas recaudaba. Los asistentes se han multiplicado y la mayoría «se retratan» al salir.

Y la cosa resulta llamativa precisamente porque vivimos en un mundo montado sobre la desconfianza. Sí; desde niños, nuestros padres, nuestros educadores, nos invitan a desconfiar. «No seas ingenuo, mira siempre con quién te juegas los cuartos», nos dicen. Y hay un montón de refranes, de esos que resumen la sabiduría popular, que nos exhortan a vivir con el corazón medio cerrado: «Quien da pan a perro ajeno, pierde pan y pierde perro», dice uno. «Piensa mal y acertarás», asegura otro. «De fuera vendrá quien de casa te echará», proclama un tercero. «Del amo y del mulo, cuanto más lejos más seguro», pontifica otro. «Cría cuervos y te sacarán los ojos», añade uno más.

Y así resulta que no damos pan a nadie, que no albergamos al transeúnte no acabe echándonos de la casa, que consideramos cuervos hasta a los pájaros más bienintencionados. Y vivimos con el corazón atrincherado por miedo a que nos defrauden.

Lamento decir que toda esa supuesta «sabiduría» a mí me parece un disparate y que es la causa de que muchas veces vivamos una vida empobrecida.

Ya, ya sé que él número de desagradecidos en este mundo es muy alto. Pero creo que hace más daño al corazón pasarse la vida desconfiando de todos que recibir de cuando en cuando un desagradecimiento.

Por eso yo prefiero decir: «Piensa bien aunque no aciertes» y «Da pan al que lo necesite y no esperes que te siga como un perro».

Recuerdo cuánto me gustó aquello que una vez leí en una homilía de san Juan Crisóstomo: «Debes ayudar al pobre porque lo necesita, no porque lo merezca o porque te lo vaya a agradecer. Porque si nos pusiéramos a escudriñar quién merece nuestra ayuda, nunca encontraríamos a quién ayudar. Por otro lado, Dios no estuvo esperando a que los hombres merecieran la redención para redimirles. Si Cristo hubiera pensado como nosotros, aún estaría vivo, pero no sería nuestro redentor».

Algo parecido pensaba Georges Bernanos, que, al enterarse un día de que en Brasil, en su época, las casas no tenían cerraduras en las puertas, decidió marcharse a vivir allí porque pensó que un pueblo en el que todos se fiaban los unos de los otros tenía que ser, por fuerza, un gran pueblo.

Hoy, claro, no puede hacerse eso. Desgraciadamente. Pero asusta pensar que, lo mismo que hemos llenado nuestras puertas de llaves y cerrojos, hemos también cerrado a cal y canto nuestro corazón. E incluso con la gente que nos rodea. Porque hoy desconfiamos de los enemigos, pero también y casi más de los amigos. Pero yo prefiero atenerme a aquello de La Bruyère: «Más vergonzoso es desconfiar de los amigos que ser engañado por ellos».

Y es que la desconfianza acaba conduciendo a la soledad. Nadie hay más solitario que quien se ha pasado la vida desconfiando de todo y de todos. Se quejará un día de haber sido traicionado. Y no se dará cuenta de que fue él quien, poniendo constantemente distancias, se fue quedando solo.

Decía Sófocles que «para quien tiene miedo todo son ruidos». Efectivamente, quien tiene miedo en una casa solitaria, pronto empieza a escuchar crujidos en las escaleras, temblores en las puertas, sombras que se alargan y encogen. Y son fruto de su miedo y su imaginación.

Tal vez ésa sea la causa por la que tantos conciben este mundo como una casa abandonada y oscura. Es su miedo quien les angustia. Si encendieran la luz de la confianza, quizá tuvieran también algún problema, pero se encontrarían la casa llena de amistad y de amor.

## 60

## DERRIBA TUS MUROS

¡Por fin ha caído el muro! Y por toda la espina dorsal de Europa ha corrido un estallido de alegría: las gentes que lo cruzaban traían en los ojos el gozo, se abrazaban con quienes estaban esperándoles; brindaban con champán; agitaban banderas y entonaban canciones de libertad; las lágrimas de entusiasmo llenaban los ojos de muchos; era como una borrachera de libertad. Sí, al fin había caído el muro de la vergüenza, la cicatriz que cruzaba el rostro de Europa, el signo visible de una guerra fría que no quería terminar nunca, el telón de acero plantado ahí, como una zanja que nadie saltaría nunca. Y ha caído. Lo hemos visto desmoronarse como un azucarillo en el agua, venirse abajo, a martillazos, a golpes de amor y de esperanza. Parecía que eso no llegaría nunca. Pero, ahora que ha caído, lo que resulta incomprensible es que haya podido durar tanto.

¡Y cuánto dolor –ahora lo descubrimos del todo– ha vivido a la sombra de este muro! ¡Cuántas separaciones inútiles e innecesarias! ¡Cuánta desesperación! ¡Cuánto odio artificial! Ahora, cuando tantas manos separadas pueden unirse, entendemos que todo muro es infecundidad, esterilidad, pura destrucción.

Un muro es una pérdida de ladrillos, de alma, de todo. El muro sería «lo que no sirve para nada» si desgraciadamente no sirviera para multiplicar el odio. Pero ahora que el muro de Berlín ha caído y ahora que todos nos alegramos de ello, ¿no habrá llegado la hora de que cada uno de nosotros se pregunte por sus propios muros, por los que todos hemos ido levantando en nuestro corazón con el paso de los años?

Porque la verdad es que, entre los hombres, y dentro de cada hombre, hay todo un laberinto de alambradas, de muros, de corralillos en los que nos encerramos o enclaustramos a quienes no amamos. Y sería terrible que nos alegrásemos de la caída del muro de Berlín y no supiéramos ver los muchos que tenemos en el alma.

Hay muros en la vida política. Muros que van desde el disparo que siega vidas humanas de supuestos «enemigos», hasta los insultos que germinan como hongos en todas las campañas electorales. Que haya discrepantes, es normal. Que existan adversarios ideológicos, parece inevitable. Que los discrepantes y adversarios se conviertan en enemigos, ya es otro cantar. Y que las armas sean el muro, la zancadilla, la mentira, cuando no la sangre, eso ya es un telón de acero intolerable para seres humanos.

Y hay muros en la vida familiar: el hermano con el que no nos hablamos, el matrimonio que convive pero sólo se tolera, los hijos que escuchan a los padres como quien oye llover; la falta de diálogo en los hogares; los viejos rencorcillos cuidadosamente alimentados en el corazón… ¿Quién no posee uno o varios de estos muros interiores?

Y los otros muros aún más interiores y que a tantos torturan: el miedo de los tímidos que se encapsulan dentro de su corazón porque no se atreven a abrirse a nadie de puro miedo a ser traicionados; el amargo enroscarse sobre sí mismos de los resentidos que, después de una herida, decidieron no volver a amar; el muro tras el que se encierran y son encerrados los solitarios, los malamados o los sin-amor.

Y los muros de la edad: esos viejos que han llegado a convencerse a sí mismos —en parte por culpa de cuantos les rodean— de que ellos ya nada tienen que hacer en este mundo y se autofabrican su propio muro de lejanía, reduciéndose a alimentar sus recuerdos ya que no creen tener fuerzas para crear sueños. Y esos enfermos que olvidan que incluso una rama seca puede aún producir fuego y calor. Y el muro que los jóvenes se están construyendo también, creyéndose que su civilización es exclusiva, y que sólo ellos han entendido este mundo desde el principio de los siglos. Y los muros sociales. Y los muros religiosos. Y los muros hasta en los cementerios para separar allí a ricos y pobres o a católicos y protestantes. Muros. Muros. Alambradas. Fosos. Vallas. Separaciones. El mundo es un verdadero laberinto de corazón.

¿Y usted no podría empezar por derribar los suyos? Ea, asómese hoy a su corazón. Escudríñelo, pregúntese cuántos odios o cuantas sequedades levantan en él su telón de acero. Y luego, derríbelo. Deje que su alma prisionera salga para abrazar a todas las que le rodean. Y brinde con ellas con champán. Porque han recuperado su libertad. Porque han caído todos los muros de Berlín, empezando por los que cada uno de nosotros lleva dentro.

# SALVO EN LA CASA DE MI MADRE

El director de cine Bertolucci acaba de concluir una película en la que llega a la triste conclusión de que la felicidad no existe en este mundo. Y, en unas confesiones periodísticas, lo declaraba abiertamente: «Cuando uno ha vivido cincuenta, sesenta años, hay algo que ya no necesita que le enseñe nadie: que la felicidad es imposible; que el mundo es un antro de sabandijas en el que jamás se encuentra el amor. Yo al menos nunca lo he visto». Y tras una leve vacilación añadía: «Salvo en la casa de mi madre».

Me entristecieron las conclusiones del artista, pero aún me conmovió más esa última coletilla: «Menos en la casa de mi madre». Y es que a la hora de condenarlo todo, surgía dentro de él como un rastro de pudor o sinceridad, para decirle que sí, que había existido un amor en su vida, un lugar en el que fue querido y feliz: a la sombra de su madre.

Mas lo realmente curioso es que esto no le ocurre sólo a Bertolucci. Yo he oído a cientos de amigos míos abominar de la realidad que los rodea y a los que, al final, cuando todo parecía hundirse en esa especie de infierno universal, les salía una confesión, algo que querían librar de esa gran condena: el amor de sus padres entre sí, la ternura de su madre, algo puro que saben que han perdido, pero que también han poseído.

Esto no lo dicen todos; hay también quienes dicen que vivieron el infierno en su hogar, pero son más, muchos más, los que saben que, por un momento, unos años, vivieron en un retazo de paraíso.

Y yo me veo obligado a preguntarme: Y si unimos todos esos retazos de paraíso de los que tantos hablan, ¿no podremos concluir que, en nuestras infancias, hubo muchos jardines paradisíacos, mucho más amor del que ahora queremos reconocer?

Pero yo sigo haciéndome más preguntas: ¿Y no será que aquellos trozos de mundo iluminados por nuestras madres los vemos ahora como buenos porque supimos verlos con amor, mientras que todos estos otros que ahora valoramos como infernales estamos contemplándolos con ojos doloridos, enturbiados, resentidos? ¿Era aquella realidad más o menos como la de ahora, pero nosotros la veíamos limpia, mientras sobre ésta de ahora proyectamos todos nuestros cansancios? ¿Será, entonces, el mundo el que se ha podrido o los podridos seremos nosotros?

Es un hecho indiscutible que diez personas contemplando una misma realidad ven, en rigor, diez realidades diferentes. Dos ven una casa envejecida y uno ve un edificio en ruinas y otro ve lo que sobre esos muros viejos podría construirse con un poco de arreglo. Dos contemplan a un borracho y uno ve a un ser perdido para siempre y otro un ser humano capaz de ser salvado.

De todo ello concluyo que si los hombres contemplásemos la realidad con los mismos ojos con los que recordamos a nuestra madre, llegaríamos a la conclusión de que la felicidad es difícil, pero ciertamente posible, pues si existió un solo ser amante y limpio como ella es porque seres así son realizables y posibles.

Lo peor del asunto es que, mientras a los seres que amamos los juzgamos por sus virtudes, a los que, por algo, se nos cruzan, ya sólo los medimos por sus defectos. Si yo veía una arruga en el rostro de mi madre no pensaba: ¡Qué vieja está!, sino: ¡Cuánto ha sufrido por darnos a luz y cuidarnos a mí y a mis hermanos! Si yo veía sucios sus delantales, sabía que buena parte de esa suciedad era de mis orines o de las manchas de barro o chocolate que yo llevaba en mis manos. Y, lo que en otros seres me hubiera resultado despreciable, se me convertía no sólo en algo limpio, sino en algo sagrado, fruto de un amor.

Al fin todo está en el corazón de los hombres. Con un poco menos de inteligencia arisca y un poco más de comprensión cordial el mundo nos resultaría infinitamente más vividero. Todo el universo se convertiría en nuestra madre y diríamos: es cierto, aquí andan muchas cosas mal, todas menos las de este querido mundo que nos ha engendrado y al que entre todos y cada día estamos engendrando.

## 62

# MARCAPASOS DEL ALMA

Decía mi madre que los Descalzos teníamos, en lugar de corazón, una casa de huéspedes. Y debía de ser verdad: tal era el trasiego de gentes y gentes que por el corazón pasaban. Si yo llevara un registro de visitantes, ya no sé ni cuántos tomos abarcaría.

Lo malo era, claro, que con tanto ir y venir, al cabo de los años las sillas estaban todas apuntaladas, las cortinas recosidas, las luces guiñadoras y tuberculosas. Pero, de todos modos, bien o mal, con aquel corazón íbamos viviendo. Y más bien que mal.

Lo que no pudo evitarse es que un buen día fuese necesario que los médicos me prestaran ese par de muletas que son los dos aparatos que ahora sostienen mi alma. El primero, ustedes ya lo conocen, se llama Nunchi, llegó a mi casa hace ahora cuatro años y precisamente el día de la Anunciación, así que se quedó con el diminutivo que la hace menos asustadora. Pesa más de quinientos kilos y cada dos días, durante cuatro o cinco horas, se dedica al bonito oficio de lavarme la sangre. Yo la tengo miedo y amor, como a todas las cosas grandes de este mundo. Miedo porque, en definitiva, soy su esclavo durante una cuarta parte de mi vida. Y amor porque salgo de ella limpio de sangre y fresco de alma y con ganas de vivir las cuarenta y dos horas que estaré lejos de ella. Por cierto que, en las últimas, estoy ya tan cansado que espero a Nunchi como a una novia.

Y ahora los médicos me han dado un segundo compañero para ella y para mí. Y me parece que, puesto que les voy contando en este cuadernillo lo que me va pasando, no sería muy correcto que no se lo presentase. Éste es infinitamente más pequeño que Nunchi y lo llevo dentro y no fuera. Y es que resulta que desde el verano pasado parecía que mi corazón no pudiera con su alma: se arrastraba, andaba con las tensiones por el suelo, reducido el pulso a la mitad, forradas mis dos piernas como con dos sacos de cemento. Empecé, lo confieso, hasta a sentirme triste. La idea de que llegaba la hora de entregar la cuchara comenzó a obsesionarme y, si me quedaba el coraje suficiente para hacer lo estrictamente obligatorio, no me sobraba ni una gota más para ese libro que empecé en mayo y se empolvaba desde agosto.

Unas calcificaciones en la aorta que llegaron a producir un bloqueo casi total eran las que tenían maniatado mi corazón. Y como, gracias a Dios, vivimos en el siglo XX, ahí tengo ya mi corazón con dos muletas que llaman marcapasos y que le van señalando a mi víscera cuándo y cómo debe latir. Con lo que ahora tengo dos corazones. Uno, donde siempre. El otro, bajo mi hombro derecho como un aparato de relojería que aún me despierta por las noches. Es pequeño, ya les he dicho. El médico me dijo que era como uno de esos mecheros antiguos redondos. Yo, que soy más místico, lo vi idéntico a la cajita con la que yo llevo la comunión a los enfermos.

A este segundo cacharro no he tenido que ponerle nombre como a Nunchi. Viene ya con su nombre grabado en la tapa: se llama OPUS, cosa que está muy bien porque ahora podré decir con doble razón a mis amigos del Opus que los llevo en mi corazón.

Pero lo que más me gusta de ese segundo aparato es lo que significa para mí y lo que podría significar para tantos. Durante los días que estuve sometido al control del monitor que registraba el doble ritmo de corazón y marcapasos, me encantaba a mí ver la rayita recta del impulso eléctrico que el marcapasos enviaba al corazón y la respuesta, obediente, del corazón aceptando el impulso. ¡Ah!, pensaba yo: si los hombres tuviéramos un marcapasos del alma, una voluntad tan bien organizada que, a cada impulso suyo, respondiera sin fallo, exacta, la puesta en marcha de la acción. ¡Pero cuánta energía se nos pierde en el camino, desde que el alma proyecta y decide hacer alguna cosa hasta que ese impulso llega a nuestras manos! ¡Si mi voluntad y mis manos estuvieran tan bien engrasadas como mi marcapasos y mi corazón!

Por eso, por las noches, cuando en la casa se hace el gran silencio, y, en él, empiezo a escuchar el rítmico tic-tac de mi cajita de plutonio, le digo: Cacharrito mío, enséñame a ser como tú, enséñale a mi alma a ser obediente como lo es mi corazón. Me tomo entonces el pulso y lo compruebo: a mi marcapasos le han ordenado que haga marchar a mi corazón a 72,9 pulsaciones por minuto. Y lo consigue: 72,9 exactas. ¡Oh Dios, deja que mi alma no se amodorre: que marche con tu ayuda, con tus muletas, a 72,9 actos de amor por minuto!

## 63

# LA CARCOMA DE LA ENVIDIA

Fue Cervantes quien llamó «carcoma de todas las virtudes y raíz de infinitos males» a la envidia, ese vicio que es, entre los humanos, el que más trabajo me cuesta comprender. Aunque tenga que aceptar que está más metido en nuestra entraña de lo que creemos y más extendido de lo que quisiéramos, pues como dice el refrán, «si los envidiosos volaran, no nos daría nunca el sol».

Y, como es lógico, no me refiero a esa admiración hacia algunas personas, a la que a veces llamamos envidia, pero que es muy distinta de ese vicio que los diccionarios y catecismos definen como «tristeza o pesar del bien ajeno». Y es que si la emulación, el deseo de ser como otro, el sueño de que a nosotros nos toque la lotería que tocó al vecino son cosas lógicas y perfectamente comprensibles, lo que ya parece carecer de sentido es esa envidia que reconcome a muchos al ver las alegrías de los demás.

Es un vicio en realidad bien estúpido. Empieza por ser rigurosamente estéril. Del orgullo, de la pasión, de la cólera pueden surgir hasta obras positivas. De la envidia no sale nada. Ni siquiera placer para el que la tiene. «Todos los vicios –decía también Cervantes– tienen un no sé qué de deleite consigo, pero el de la envidia no trae sino disgustos, rencores y rabia». Efectivamente es un vicio que destruye mucho más al envidioso que al envidiado, a quien, en definitiva no suele hacer mayor mal si sabe no hacerle demasiado caso. Pero el envidioso no: si lo es a fondo, nunca será feliz, nunca podrá disfrutar de lo que tiene de puro soñar en lo que tienen otros. Es, efectivamente una carcoma del alma.

Pero además, curiosamente, la envidia logra lo contrario de lo que pretende: no sacia al que la tiene y es un secreto homenaje a aquel a quien se dirige. El envidioso está proclamando las virtudes o la suerte del envidiado. La envidia sólo asesta sus tiros a las cosas más grandes.

Pero lo más peligroso de la envidia es que es un defecto que podemos tener sin darnos cuenta. Si yo pregunto a mis lectores (o me pregunto a mí mismo) si son envidiosos, todos, unánimes me responderán que no. Y es que la envidia es un vicio «vergonzoso» que nadie quiere reconocer. Hay gente que presume de orgullosa, de violenta, de sensual. No conozco a nadie que presuma o confiese en público su envidia. De ahí que, con frecuencia, no nos lo confesamos ni a nosotros mismos. Aunque esté royéndonos el corazón.

Hay que añadir un dato más: es un vicio que siempre supone perversidad del corazón. Y no se diga que esto ocurre con todos los vicios. No. Hay algunos que pueden compaginarse con un corazón fundamentalmente bueno. Hay personas que son buenas y violentas, o buenas y vanidosas. Violencia y vanidad son vicios secundarios en su alma, que no tocan ni parten de su médula espiritual. Son vicios que pueden corregirse sin una modificación sustancial del alma. La envidia no. La envidia en el adulto nace, forzosamente, de un corazón torcido, supone una profunda maldad de espíritu. Por lo que se necesita un terremoto de alma para curarla. De ahí que sea tan importante curarla cuando nace y empieza en los niños, tan fácilmente envidiosillos de sus compañeros. ¡Ay de ellos si llegan a la juventud sin haber enderezado esa zona de su corazón!

Y para ello hay que empezar por descubrir que en rigor no hay nada importante que envidiar. Nadie tiene nada que yo no tenga o no pueda tener, salvo minucias. Mi alma es mía, y yo no tengo por qué realizar el alma de nadie, sino la mía. Y como lo importante es lo que se es y no lo que se tiene, ¿quién es más que yo? Tal vez sea más rico, o mas listo, o más guapo. Pero nunca de ninguna de esas cosas es mi alma, ninguna de ellas me es imprescindible para ser feliz. En rigor, contra la envidia basta la sensatez, el realismo, el reconocimiento de que la felicidad consiste en el desarrollo máximo de las potencias de nuestra alma y de nuestra vida, no en la conquista del alma del vecino.

Si se me permite decir esto mismo con una bonita broma, lo haré con aquellos versillos macarrónicos del Martín Fierro:

*A nadie tengáis envidia*
*que es muy triste el envidiar.*
*Cuando veas a otro ganar*
*a estorbarlo no te metas:*
*cada lechón en su teta*
*es el modo de mamar.*

## 64
## LAS LENTEJAS
## DEL HERMANO RAFAEL

Con bastante frecuencia recibo cartas de personas que, o porque han recibido una decepción amorosa, o porque están aburridos de su vida en el mundo, o porque son tan profundamente tímidos que no se sienten a gusto viviendo entre los demás, me escriben preguntándome qué tendrían que hacer para ingresar en un convento, cuanto más duro y solitario mejor, cartujos, trapenses si es posible. Después de mucho tiempo de una vida corriente buscan ahora un final pacífico, un dejarse morir sin líos en uno de esos remansos que dicen que son los viejos monasterios.

A mí me resulta bastante difícil intentar decepcionar a todos estos amigos explicándoles que, si los motivos de su decisión sólo son ésos, difícilmente van a recibirles en una abadía y más difícilmente van a perseverar en ella. Intento decirles que la vida contemplativa no es un camino de fuga de este mundo y que los monjes no ingresan –salvo en las novelas románticas– por decepciones amorosas o porque el mundo les resulte aburrido, sino por todo lo contrario: porque Dios les resulta extraordinariamente interesante, y, por ello, no van a los monasterios a descansar y esperar la muerte: van a iniciar la escalada más peliaguda que todas las de este mundo y que sólo se puede hacer con una gran plenitud de vitalidad.

La verdad es que los hombres tenemos una idea peregrina de la soledad y la santidad. Cuando algo nos falla en nuestro camino encontramos siempre la forma de echarle la culpa al camino y no a nosotros mismos: «No se puede servir a Dios en este barullo», «son las cosas externas las que me maniatan». Y esto puede que a veces sea verdad, pero las más de las veces el tropezón no está en el pie, sino dentro del alma. Juan Ramón Jiménez escribió algo que es absolutamente elemental: «En la soledad no se encuentra más que lo que a la soledad se lleva». Es cierto: si llevas vanidad y frivolidad, es vanidad y frivolidad lo que te encontrarás en la soledad. Si llevas amor y Dios, será ese amor y ese Dios lo que podrás saborear en ella. Esta soledad no es un hada de varita mágica que vuelva por sí sola en geniales las almas mediocres o vacías. Hay que ir lleno a la soledad para que esa plenitud estalle en ella.

Tampoco puede esperarse que, en un convento, Dios venga a convertir en milagroso todo lo que nos ocurre. Estoy leyendo estos días la preciosa biografía que sobre Rafael Arnáiz (el hermano Rafael, ya beatificado, que murió en la Trapa de Dueñas) ha escrito, con una gracia impagable, mi buen amigo Gil de Muro. En ella queda muy claro cómo es la gracia de Dios, pero unida a diario con el esfuerzo del aspirante a santo, la que fue conduciéndole por los caminos de la montaña de la santidad.

A Rafael, por ejemplo, le parecía intragable la comida que en la Trapa le servían. Él, que tenía un tenedor delicadísimo, bien experimentado en los mejores restaurantes de Madrid, debía cerrar los ojos y tragar cuando le servían los grandes cazos de lentejas, alubias o berza, y sentía un mar embravecido en el estómago cuando salía a las seis de la mañana a escardar los cardos con sólo dos dedos de algo llamado café en su interior. Sin embargo, decía él, to-do en el monasterio le resultaba fascinante y divertido. «Claro que –explicaba en una de sus cartas– esto no quiere decir que las lentejas un día sepan a perdices y otro a tortilla de patatas. No. Las lentejas serán siempre lentejas mientras dure mi vida en el monasterio. A pesar de todo, las como con mucho gusto porque las sazono con dos cosas: con hambre y con amor de Dios. Y así no hay alimento que se resista».

La receta me parece estupenda y aplicable a todo género de problemas. Hay gente que piensa que, cuando se tiene fe, los problemas desaparecen por sí solos. Y así, los dolores se convierten en efluvios místicos, las persecuciones se hacen gloria bendita y las injurias miel sobre hojuelas. Pero si las cosas fuesen así, ser creyente resultaría una ganga y un negocio favorabilísimo. Con un poco de fe, la vida y sus dolores, resueltos. Pero la verdad es que, normalmente, Dios no va por delante de los suyos quitándoles todas las trampas en las que podrían tropezar o haciendo que los dolores les sepan a caramelo. Para un creyente sufrir es sufrir.

Todo esto viene a decir a quienes creen que huyendo a un monasterio se resolverán sus problemas, que no, que ésa no es la solución, que se puede estar lleno y amar dentro y fuera; que el cambio de postura no quita la enfermedad del enfermo; que, si tienen de veras una vocación contemplativa, empiecen a vivirla fuera y luego Dios dirá; pero que, si aspiran a las paredes de un claustro porque le tienen miedo a la vida o porque esperan que allí les resuelvan lo que ellos no tienen el coraje de afrontar..., se están equivocando de piso. Todo el mundo puede ser una Trapa para los que aman. Y en todo caso, la Trapa, y como ella todos los monasterios, son una hoguera, no un recogedero de cansados.

# 65
# EL RIÑÓN DEL PRÓJIMO

Hay una cuestión que, desde hace muchos años, me preocupa y a la que no acabo de encontrarle una respuesta convincente: ¿Por qué habiendo, como hay, tanta buena gente en el mundo, el nivel de felicidad de nuestro planeta no pasa de mediocre? ¿Por qué si el número de «malos» entre los humanos es, más bien, minoritario, lo que nos llega todos los días son desgracias, horrores, violencias?

Cuando yo contemplo a cuantos me rodean, en mi vecindario, en mi trabajo, llego casi siempre a la conclusión de que, uno por uno, son buenas personas, son generosos, simpáticos, tratan de ser felices y de hacer felices a los demás. Cuando sucede una catástrofe, la mayoría acude con generosidad a ayudar. Con mucha frecuencia te encuentras con gente que te quiere sin que tú hayas hecho ningún mérito especial para conseguirlo. Los vecinos se socorren, por lo menos cuando uno de ellos pasa una tragedia. Los familiares se quieren. Los enamorados pueblan los parques. La gente es pacífica y odia la violencia. Muchos estarían dispuestos a renunciar a cosas que les son necesarias para ayudar a los hambrientos. Y… sin embargo, esto que se produce a pequeña escala no es lo mismo a nivel de colectividades: el mundo parece una colección de seres ariscos, belicosos. Al menos lo que entra por los ojos es esa sensación de que el mundo va a la deriva por falta de amor y amontonamiento de egoísmos. ¿Qué es lo que hace que los individuos sean positivos y la suma de los individuos sea bastante menos maravillosa?

Para descubrir esta doble cara del mundo me bastaría a mí acercarme cada mañana a mi correspondencia.

Permitidme que os cuente algo muy personal: Entre las cartas que hoy he recibido hay una de una religiosa que ha oído que yo tengo un problema renal y que estoy sometido, hace ya cuatro años, a diálisis. Es una religiosa a la que no conozco de nada y que de mí conoce mi cara por televisión y algún que otro artículo. Pero sin más razones, me cuenta que ella, que tiene cáncer de huesos y ve muy próxima la muerte, quiere donarme –ya ahora, en vida, o cuando se muera– sus riñones. No sabe si servirán, pero estaría dispuesta a dármelos ahora mismo aunque eso recortara su vida.

Una carta así me deja maravillado. Y me maravilla tanto más cuanto que no es la primera, ni la décima ni vigésima persona desconocida que me ofrece lo mismo. No llevo la cuenta, pero al menos cuarenta desconocidos me han escrito para lo mismo. ¿Por qué? ¿Qué les mueve? ¿Qué es lo que hace que piensen que vale la pena recortar su vida para alargar la mía?

A todos tengo que contestarles lo mismo: que no todos los riñones sirven para todos los enfermos; que en mi caso, por una serie de complicaciones, el trasplante es desaconsejado por los médicos, y que, en todo caso, yo moralmente nunca podré aceptar que otro ser vivo se juegue parte de su salud por la mía.

En todo caso, yo no puedo leer cartas como ésas sin lágrimas al sentirme tan asombrosamente querido. Pero este gozo que yo siento va contrapesado por muchas preguntas: ¿Por qué, al mismo tiempo que tantos se sienten generosos para mí, el número general de donaciones desciende? ¿Por qué la gente se moviliza para causas o personas concretas, pero pasa insensible frente a los dolores generales de desconocidos? ¿Por qué yo tengo tanta suerte de encontrarme con gente que me quiere y lo demuestra y, en cambio hay tantas cartas en las que otras personas me cuentan que, a la hora de la verdad, nadie les quiere?

Me temo mucho que los hombres vivimos más con la imaginación que con la razón. Que nos movilizamos cuando algo golpea nuestra sensibilidad, pero vivimos con los ojos cerrados frente al dolor del mundo. Si alguien nos cuenta con tintas un tanto patéticas la desgracia de una persona concreta, acudimos sin dificultad a ayudarla, pero, en cambio, no vemos o no queremos ver esa misma desgracia si está todos los días pidiendo en nuestra acera. Somos estupendos para las excepciones, pero no para la regla. Creemos tener caridad y apenas tenemos emotividad.

Pero ¡imaginaos lo que sería el mundo si todos actuásemos en la vida pública con los modos que acostumbramos en la privada! ¡Si todos viviéramos pensando que el riñón, el corazón o el pan del prójimo son más importantes que los nuestros! Ésa es la gran tristeza: que podríamos vivir en un paraíso sólo con proponérnoslo.

# «CUANDO LLEGA EL ARRABAL DE SENECTUD»

De todas las noticias que he escuchado recientemente, la más cruel, la más horrible, me parece esa que surge de un informe del Senado, según el cual nada menos que el 70 por 100 de los ancianos ingresados en residencias recibe de sus parientes, cuando más, una o dos visitas al año. Y para que la cosa resulte más espeluznante todavía, proponen los senadores que se puedan entablar acciones judiciales contra esos hijos que, teniendo medios y posibilidades, no atienden a sus padres.

¿Vivimos en un país civilizado? Con todos los perdones, toda mi vida he pensado que una nación en la que los ancianos no son queridos y bien tratados es una nación salvaje. Así, sin rodeos. Nunca fue fácil llegar a la vejez. Ya nuestro poeta Jorge Manrique escribió que «todo se torna graveza / cuando llega el arrabal / de senectud». Porque, efectivamente, «la vejez nunca viene sola», como escribió hace muchos siglos Platón. Con ella viene la enfermedad, el agriamiento de carácter, el descenso de esperanzas, la falta de horizontes, el aburrimiento y la peor de todas las dolencias: la soledad. Y es difícil, muy difícil, llegar a ser un anciano feliz. Los hay, afortunadamente, y bastantes. Pero aun éstos han de reconocer que tienen que multiplicar su coraje y sus ilusiones para seguir siendo los hombres que fueron.

Pero lo verdaderamente grave del asunto es que parece que nuestro siglo estuviera haciendo todos los esfuerzos posibles para dificultar la felicidad de los ancianos. Pues siempre hubo viejos abandonados, ya que la raza humana nunca funcionó muy bien del corazón: pero nunca fueron tantos ni en circunstancias tan dolorosas.

Parece bastante claro que el lugar no sólo ideal sino simplemente lógico y humano para pasar los últimos años es la casa donde uno ha vivido siempre. Esto es algo elemental en las civilizaciones que juzgamos atrasadas. Los papúes no entenderían que el patriarca de la familia se alejase de su condición de rey soberano de todos sus descendientes. Y unos hijos europeos con un sentido filial suficiente saben que, salvo excepciones, ningún sitio mejor para sus padres que la casa de sus hijos. Los castellanos clásicos consideraban esto no sólo normal sino una verdadera bendición. Por eso uno de sus dichos tradicionales aseguraba que «dichoso es el hogar en cuyas brasas se calienta un anciano».

Y hoy existen, por fortuna, familias que consideran su mayor deber hacer felices a sus viejos mientras tengan la suerte de tenerlos con ellos. Eso es, con frecuencia, difícil. Ni las casas de hoy se construyeron para familias grandes ni el trabajo del matrimonio fuera de la casa permite siempre atender bien a los padres. Pero yo veo que hay hijos que hacen todos los equilibrios del mundo para no alejar a sus padres. Si se me permite una punta de orgullo, contaré que en mi casa llegaron a juntarse cinco octogenarios (mi padre, el padre de mi cuñado, tres tíos solteros) y que ni por un momento pensamos en desembarazarnos de ellos. Ello supuso que nosotros tuviéramos que renunciar a muchas vacaciones y a mucha facilidad, pero los cinco tuvieron durante sus últimos años una casa caliente y acogedora. Tal vez sea lo mejor que hayamos hecho jamás en nuestra casa.

Pero me parece que no es esto hoy lo corriente. Lo normal es que se «pelotee» a los padres ancianos y que al final los más de los hijos acaben escurriendo el bulto, hasta que todos «descubren» que la «única» solución es buscarles un asilo.

Y todos ustedes saben lo que ocurre cuando esto sucede. Hay, sí, asilos en los que el cariño humano sigue existiendo. Y creo que en los regentados por religiosos esta afortunada posibilidad se multiplica. Pero la mayoría, ¿no son una tumba anticipada?

Y no es lo peor el que sean maltratados y a veces mal alimentados (raro es el día que no aparece en los periódicos la historia de una de esas residencias ilegales, construidas con la tapadera de ayudar a los ancianos, cuando realmente lo que se quiere es sacarles las últimas perrillas de sus pensiones); lo peor –y esto ya en las legales y las ilegales– es la soledad.

«En realidad –decía Gabriel Marcel– no existe más que un solo sufrimiento: la soledad». ¿Y qué soledad más honda que la de las personas que han perdido ya sus esperanzas, sus ilusiones, su libertad, y que acaban hasta por olvidar el rostro de sus hijos y sus nietos, que aparecen por la residencia un par de veces al año, tal vez el día de su santo y la víspera de Navidad? ¿Y los otros trescientos sesenta y tres días?

«Un hombre solo está siempre en mala compañía», dijo Paul Valéry. Y es cierto: en lugar de la visita del hijo llega la visita de la amargura, del resentimiento, de los recuerdos envenenados, tal vez la de la desesperación. Luego nos aterran los suicidios de ancianos.

Y ahora –¡qué paradoja!– quieren lograr con leyes lo que no se consigue con el corazón. ¡Hala, que castiguen a esos desalmados del corazón de piedra, o que les rebajen en Hacienda, a ver si así les crece un poco el alma! La verdad es que si hasta el amor hay que incentivarlo con dinero o con castigos, mejor sería darse uno de baja en la raza humana.

## 67

# SABER REÍRSE

Don Ángel Sagarmínaga fue, probablemente, el cura más simpático que ha tenido España en todo el siglo XX. Y entre sus modos de ser tenía una manera muy especial para catalogar a las personas. Por eso, un día en que alguien elogiaba las magníficas virtudes que rodeaban a un clérigo recién elegido obispo –«es un hombre equilibrado, profundo, celoso, inteligente, sólido teológicamente»– don Ángel preguntó: «¿Y se ríe mucho?». «¡Ah! no –le contestaron–, es un hombre tremendamente serio en todo». A lo que Sagarmínaga añadió por todo comentario :«¡Hum!».

«Hum» diría yo de todos esos hombres que, al nacer, parece que se hubieran tragado una escoba, esas personas que creen que se devalúan si toman la vida con una chispita de humor y si añaden, al menos una vez al mes, una ración de carcajadas. Sterne decía que «un hombre que ríe nunca será peligroso», y pudo decir, a la inversa, que siempre puede temerse uno lo peor de alguien que jamás ilumina su rostro con una risa o una sonrisa.

Los psicólogos aseguran que el humor es siempre una victoria sobre el miedo y la debilidad. Todos los hombres nos sabemos débiles, tenemos miedos que ocultamos a todos, pero que están en nuestro corazón. Y resulta que en la mayoría de los casos, el débil –sobre todo cuando está en puestos de autoridad, desde el padre hasta el jefe– tiende a ocultar esa debilidad suya con una capa de solemnidad. Cree que endureciendo el rostro nadie descubrirá sus miedos interiores. Y por eso da sus órdenes a gritos, se refugia en el «esto se hace así porque lo mando yo», «aquí el que manda soy yo». Frases que denotan una debilidad tremenda y una gran necesidad de ocultarla.

El verdaderamente fuerte, en cambio, no necesita demostrarlo a todas horas y prefiere superar sus miedos a través del humor. Se reconoce débil y se ríe de sí mismo lo suficiente como para que ya no le preocupe en absoluto que los demás quieran o intenten reírse de él. A la larga, triunfa.

Pero donde esto se hace más visible es en el campo religioso: la fe, evidentemente es una cosa seria y Dios no es algo para tomar a cachondeo. Pero de esto a esa seriedad aburridísima con que algunos creen que hay que vivir la fe hay demasiados kilómetros.

Yo recuerdo siempre aquello que contaba Bruce Marshall: educado en una familia protestante puritana, al buen chaval Bruce se le hacían insoportables las iglesias. La hora de los cultos era, para él, la mayor de las torturas: no podía hablar, no podía casi respirar; si se movía, su madre le pellizcaba; si, por casualidad, se le escapaba del bolsillo una canica y se ponía a correr hacia el presbiterio, ya sabía que en su casa estallaría la tormenta y le tendrían castigado quince días sin salir. Así hasta que un día tuvo que asistir a la primera comunión de un amiguito católico y acudió a una iglesia «papista». Y ocurrió que, en el momento más solemne de la misa, se le escapó del bolsillo, no una canica, sino una moneda, que, por el pasillo central, emprendió una carrera que todos los fieles e incluso el cura que celebraba siguieron con los ojos… hasta que fue a meterse por la rejilla de la calefacción. En este momento el cura que celebraba prorrumpió en una sonora carcajada que muchos corearon con sonrisas. Bruce no entendía nada. ¿Cómo es que allí nadie se había escandalizado? Y con esa lógica propia de los críos, se dijo a sí mismo: «Ésta debe ser la Iglesia verdadera. Aquí se ríen».

Bien, no diré yo que haya que incluir en los libros de teología, entre las pruebas de credibilidad sobre la Iglesia, ésta de que los católicos podemos libremente sonreír sin que Dios se nos enfade, pero sí diré que un poquito de humor hace bien a la vida y a la fe.

Permitidme que os cite un texto de Martín Grotjahn que, me parece, vale la pena meditar en cada una de sus palabras: «Todo lo que se hace con risa nos ayuda a ser humanos. La risa es una forma de comunicación humana que es esencia exclusiva del hombre. Se basa en la liberación de las tendencias agresivas y los falsos sentimientos de culpabilidad; y esta liberación nos hace, quizá, un poco mejores y más capaces de comprender a los demás, a nosotros mismos y a la existencia. La risa nos da libertad y el ser libre puede reír. El que comprende lo cómico, comienza a entender a la Humanidad y su lucha por la libertad y la felicidad».

Me parece que no es éste tampoco un mal programa para los creyentes. Porque yo estoy completamente convencido de que una de las mejores sorpresas de la vida eterna va a ser descubrir que Dios es infinitamente más divertido de lo que nos imaginamos. Porque, efectivamente, si Dios fuera como uno de esos señores que se han tragado una escoba, la eternidad sería sencillamente insoportable.

# 68
# SILENCIO SOBRE LO ESENCIAL

Jean Guitton ha publicado un pequeño librito cuyo título es el de este artículo y en el que sostiene que, en este mundo nuestro, se habla de todo menos de lo esencial. Nos inundan los noticiarios, las voces de la gente, los anuncios que tiran de nuestros ojos desde las paredes de las calles, pero nadie habla de lo verdaderamente importante, de aquellas cosas que cree, de las que en realidad alimentan y sostienen su alma. Se habla, por ejemplo, muy poco de Dios. Hasta los mismos creyentes parecen experimentar una especie de pudor y discuten sobre los obispos o el modo de celebrar la liturgia, pero rara, rarísima vez, hablan de Dios, o de la oración. Se piensa que esas cosas son demasiado íntimas. Se encierran en el interior del alma y jamás se habla de ellas.

Pero esto ocurre en todos los campos. ¿Quién ha oído a un marido hablar de lo que quiere a su mujer, o de lo que estaría dispuesto a hacer por sus hijos? Tienen que ocurrir grandes tragedias para que estos temas suban a la boca. Y lo mismo ocurre con los jóvenes, que nunca cuentan qué es lo que verdaderamente sostiene sus vidas, cuáles son sus ilusiones o ideales. Se habla de la última película que se ha visto, pero no de lo que ilumina nuestra existencia.

Menos se habla aún de temas como la muerte, el sentido profundo del dolor. Los mismos cristianos, incluso los predicadores en los púlpitos, no hablan ya casi nunca del juicio final y a algunos hasta les cuesta confesar que creen en la vida eterna.

Ha surgido una especie de respeto humano, de pudor, una idea de que se es más caritativo no tocando ciertos temas, de que, en bien de la paz y del respeto de las opiniones de los demás, es mejor que no afloren cuestiones en las que podríamos no estar de acuerdo. Y el resultado final es el silencio sobre aquellas cosas que todos reconocemos que son las verdaderamente importantes.

¿Y por qué ocurre todo esto? Guitton opina que la causa está en «el peso de ese monstruo anónimo que se llama la opinión. Monstruo más insoportable que el miedo a un Nerón, a un Hitler. Cuando el adversario se resumía en un solo personaje, visible, grotesco o feroz, era posible desafiarlo. Pero ya no tenemos que luchar contra un tirano, sino contra una multitud confusa, cuya arma disuasiva no es un suplicio, sino el silencio».

Es cierto: el gran monstruo que hoy pesa y gravita sobre muchas conciencias es precisamente el «qué dirán». Hay en el hombre contemporáneo –salvo excepciones, claro– una especie de obsesión por «ser como todos», por no ser considerado un «bicho raro», espanto a que nos señalen y nos estigmaticen con estos o aquellos calificativos: «Es un carca», o, al contrario: «Es un rebelde». No, todos queremos ser rebaño. Si nos preguntan: «¿Tú eres creyente?», contestamos: «Sí, pero no un beato». Es decir, lo afirmamos, pero señalando enseguida la rebaja, no nos vayan a considerar «demasiado creyentes». Y lo mismo ocurre a la inversa: hoy a los ateos les encanta llamarse agnósticos, porque eso les permite vivir como si Dios no existiera, pero sin pronunciarse demasiado sobre el asunto. Y lo mismo ocurre en mil problemas de la vida: creemos en el amor, pero no demasiado; y en el trabajo, pero no mucho; y en la política, pero poco. Y, entonces, se procura hablar de todo sin hablar de nada. Como decía aquella niña que, tras escuchar muchas conversaciones de adultos, comentaba: «Se pasan el día hablando, pero no dicen nada».

Y el gran problema es que todas aquellas cosas que no se conviven, no se comparten, se van muriendo y desapareciendo también en el interior de las personas. Y, primero, se frivolizan las conversaciones, luego se vulgariza el mundo y, finalmente, se queda vacía el alma y el corazón.

Es asombrosa esta gran cobardía ante el qué dirán. Recuerdo muy bien aquel personaje de una novela de Stendhal, de quien el novelista decía que «no era valiente más que en la guerra». ¿Quién no ha conocido personas que en las guerras o en circunstancias terribles no han tenido miedo a las balas o a la muerte, y que, en cambio, vacilan ante el temor de que los demás reciban con una sonrisa sus opiniones? Lo que no pudo el ejército enemigo lo consigue esa chavalita que te mira como diciendo: «¡Pero qué carroza se ha vuelto usted, señor!».

Y, sin embargo, parece que ha llegado la hora de perder esos miedos, de hablar con descaro de lo que uno cree, de lo que ama, de lo que sostiene nuestras almas. Y habrá que empezar a hacerlo pronto. Antes de que se nos deseque el corazón.

# 69
# UN VACÍO IMPOSIBLE DE LLENAR

Entre las cartas que recibo hay algunas que me golpean como un puñetazo en la frente: cartas que me dejan el alma como vacía y desconcertada, cartas que sé que nunca seré capaz de contestar dignamente. Son aquellas en las que una esposa me cuenta –casi más con aullidos que con palabras– que ha muerto trágicamente uno de sus hijos o que acaba de irse de este mundo el hombre con quien convivió apasionada y felizmente durante muchos años. Son cartas que, en realidad, no me piden nada. Gritan ante mi puerta como podrían hacerlo en una iglesia o ante la casa de un amigo. Me explican el vértigo que sienten, cómo su vida ha perdido todo sentido, con cuántos deseos esperan ellas mismas que la muerte concluya su tarea. Hacen preguntas, golpean con sus puños ensangrentados ante la tabla del misterio. Y no manchan con lágrimas las cuartillas porque ya no les queda ni llanto.

Ante estas cartas yo también me quedo como vacío. Sé perfectamente que todas las palabras son inútiles ante dolores como éstos. Y me ocurre lo mismo cuando voy a un funeral: lo único que sé hacer es sentarme junto a los que sufren y permanecer callado. Porque ante la muerte de un ser querido todo suena falso. Y la misma amistad parece –aunque no es– inútil.

Gabriel Marcel lo comprendió perfectamente: «El verdadero problema no es mi muerte, sino la de los seres queridos». Es cierto: morir sólo es morirse; ver morir a los que amas es una mutilación para la que la naturaleza humana no parece estar preparada.

Y, sin embargo, algunas respuestas habrá que intentar, por absurdas que sean. Que absurdas serán, como la de aquella niña a la que un día pregunté: «¿Y tú qué harías para consolar a una persona triste?». La chavalina se me quedó muy pensativa y al fin me respondió: «Le haría cosquillas».

Decir palabras genéricamente consolatorias es tan absurdo y ridículo como las cosquillas de mi amiguita. Porque toda tristeza por la partida de un ser querido es sagrada, y, sin embargo, yo creo que desde la fe y también desde el amor hay algunas ayudas, ya que no respuestas totales. La fe no cura todas las heridas, pero sí aclara algunas y hasta las mitiga cuando va unida a la esperanza. Esa esperanza que todos los hombres tenemos, afortunadamente, clavada en nuestro corazón y que nos certifica que los muertos no se mueren del todo. Esa esperanza que no es algo que nosotros fabriquemos a golpes de deseo, sino que está apoyada en el mismo centro de la naturaleza humana.

Gabriel Marcel –voy a volver a citarle porque es el gran profeta contemporáneo de esta esperanza– sufrió indeciblemente por la muerte de sus seres queridos, pero con el paso del tiempo fue descubriendo que esos muertos no se separaban del todo de nosotros sino que, en realidad, desde el otro lado «tiraban de nosotros», hasta tal punto que «nuestra esperanza es la respuesta a esa llamada venida de otra parte», ya que «la certeza de que los muertos viven con nosotros es el pan cotidiano de millones de madres, esposas, maridos que han perdido al ser amado».

Pero ¿y quién nos certifica que todo esto no son palabras hermosas? Lo certifica el amor, que «sabe» que los muertos no se han muerto del todo. Lo certifica –para los cristianos– Jesús, que sí estuvo al otro lado, que conoció las dos caras de la realidad y nos certificó que Él nos esperaría en la otra orilla.

A mí me gusta pensar que quienes estamos aquí, estamos, en realidad, a medias aquí y a medias al otro lado. Recuerdo cuánto me impresionó aquella frase de san Juan de la Cruz que, tras asegurar que el alma que ama a Dios vive ya más en la otra vida que en ésta, asegura que «el alma vive más donde ama que donde habita». ¡Y uno tiene ya casi tantas cosas y personas amadas al otro lado como en éste! Tal vez nuestra vida sea como una balanza en la que, al nacer, tenemos todo nuestro amor en el platillo de la vida y lentamente, a lo largo de los años, vamos pasando trozos de amor al de la muerte. Morirse, tal vez sea romper el equilibrio: llegar a tener más amor en el platillo de la otra vida.

Recuerdo ahora que, cuando mi padre murió, hablaba con su confesor y le contaba cuánto le costaba irse y dejarnos a sus hijos en este mundo. Y cuando don Vicente le contestó: «Pero al otro lado le esperan a usted sus padres, sus hermanos, su esposa», mi padre respondió simplemente: «Es verdad».

Sí, es verdad. Vivir es una tremenda aventura que realizamos medio a ciegas. Sobre nosotros gravita el misterio. Un misterio que lenta y dolorosamente va arrancándonos de nosotros mismos. Hasta –vuelvo a citar a Marcel– «el instante en que todo quedará sepultado en el amor».

## 70
# PEOR QUE LA MUERTE

A propósito del artículo en el que comenté el hueco imposible de llenar que dejaba en una mujer la muerte del esposo o del hijo, recibo una tremenda carta en la que una señora me cuenta que hay algo peor que eso, peor que la muerte: la pérdida mortal de los que siguen vivos.

«Esa mujer –me dice– que perdió a su marido, vivió al menos felizmente con él durante muchos años y le queda ese consuelo del recuerdo de una vida compartida. Pero yo no tengo ni eso. Mi marido vive, pero es como si, para mí, hubiese muerto: vive con su madre, no quiere saber nada de mí. Sí, la muerte física es algo duro, tremendo. Pero esta otra muerte que te seca el corazón aunque estemos vivos, es algo de más difícil consuelo. No recibimos pésames, no nos vestimos de negro, ¡pero qué solos nos sentimos! Y estamos vivos y sufriendo, tal vez hasta el final de nuestros días! Pero no merecemos el dolor ni la compasión de los amigos, ni el consuelo que suelen dar cuando un ser querido se muere.

Muerte que, en mi caso, es doble. Porque, tras su padre, se fue también mi hijo. Un día se casó sin avisarme siquiera. ¡Y tanta lucha para esos estudios de los que ahora vive y esas noches sin dormir y esa dura pelea que, al fin, sólo sirvió para que hoy me considere demasiado fuerte! Porque ese hijo se fue porque acusa a su madre de su infancia triste por las desavenencias entre sus padres. Me acusa a mí y a su padre le compadece. Él sabe que fue siempre un hombre sin carácter, un pobre hombre sin voluntad. Y mi hijo, en lugar de compadecerse de mí, me acusa porque recuerda que era yo la que gritaba, la que mandaba; y ve a su padre acobardado, siempre con una copa de más, quizá por mi culpa, porque yo le exigía más, más trabajo, más personalidad. Más inteligencia, más de todo.

Y así es como hoy estoy sola, porque la muerte no llamó a mi puerta, aunque a veces los puños ensangrentados de dolor golpean la tapia del misterio gritando: ¿Por qué esta vida dura para mí?».

¿Qué contestar a cartas como ésta? ¿Qué consuelo aportar que vaya más allá de unas palabras corteses y vacías? Ciertamente la muerte física es mucho menos cruel que la muerte del amor.

Lo que, en todo caso, me parece claro es que la peor de las soluciones sería ponerse «ahora» a juzgar, a averiguar «quién tuvo la culpa». Revolver el pasado es inútil. Uno debe, sí, examinar su conciencia, pero hecho una vez, no volver la cabeza atrás.

También me parece estéril llenarse de preguntas amargas, de porqués, que «hoy» ya no tienen respuesta. La única pregunta que tiene ahora sentido es ésta: ¿Queda alguna posibilidad de reconstruir aquel amor o, cuando menos, unos restos de amistad que permitan la convivencia o el vivir sin rencores?

Yo sé de sobra –y decir otra cosa sería engañar– que un amor roto es tan difícil de recomponer como un jarrón hecho pedazos. Sobre todo cuando el tiempo ha ido congelando las heridas y endureciendo las posiciones. Sólo un milagro o un prodigio de mutua virtud puede componer ese destrozo.

Y, sin embargo, yo creo que, a pesar de todo, esas batallas no deben darse nunca por absolutamente perdidas, que hay que mantener siempre una portezuela abierta. Seguir amando con paciencia. Aprovechar las pequeñas ocasiones. Felicitar en un santo o en navidades. Aclarar, al menos, que el amor, o algo parecido al amor, sigue existiendo. Y en todo caso, no pudrirse en el propio vinagre.

Pero la gran lección que historias como ésta ofrecen es la de la importancia del amor y la fragilidad del mismo. Ojalá este matrimonio y este hijo hubieran sabido entender hace años, cuando el amor estaba aún vivo, lo que estaban jugando de sus vidas en aquel amor. Cuando éste ha muerto es cuando se descubre que todas las cosas que lo ponen en peligro tienen cien veces menos importancia que él. Que no hay diferencia de carácter, de opinión, de modo de ser, que justifique la puesta en peligro del amor.

Y es que pocas cosas hay más importantes y a la vez más frágiles que el amor de los hombres. Sólo los ingenuos creen que el amor es de cemento y que basta con tenerlo para que dure eternamente. Es, por el contrario, frágil como un jarrón de China. Y necesita mimos y cuidados. Y la menor grieta tiende dolorosamente a crecer. Vivirlo confiadamente para después llorar sobre su tumba es la mejor manera de destrozar la vida.

Porque cuando se pierde un amor se pierde mucho más que eso. Si un amor es capaz de iluminar toda una vida, ¿no será la vida lo que se oscurece cuando él se apaga? ¡Cuidadlo bien, amigos, los que tenéis la suerte de tenerlo! Por las grietas de ese enfrentamiento, de esa sequedad, de esa discusión idiota, puede estarse escapando el jugo de la vida.

# 71
# CAMBIAR DE CAMINO, NO DE ALMA

Cuando yo era muchacho oí predicar muchas veces que el hombre debía convertirse y que para ello tenía que «agere contra», trabajar contra sus propias tendencias, ir contra corriente de su alma, cambiarse como un guante al que se da la vuelta. Así, si eras orgulloso e impetuoso, tenías que volverte humilde y un poco apocado; si eras tímido, tenías que convertirte en atrevido; si eras lento, en rápido; si nervioso, en tranquilo; si impulsivo, en sereno.

El paso de los tiempos fue convenciéndome de que este planteamiento no podía ser correcto. En primer lugar, porque era sencillamente imposible de realizar; los años me mostraban que el tímido, tímido seguía; que el impetuoso podía cambiar la dirección de su ímpetu, pero no domeñarlo. Como dice el refrán: «Al cabo de los años mil, vuelven las aguas por do solían ir».

Pero, además, yo pensaba: ¿Es posible que Dios se haya equivocado tanto al hacer a los hombres? Si quería que el tímido fuera atrevido, ¿por qué no empezó por ahí? ¿Es que a Dios le encanta ver a los hombres peleándose con su naturaleza?

Un día leyendo un estupendo libro de mi amigo Bernardino Hernando, *El grano de mostaza*, encontré la respuesta perfecta a todas estas preguntas.

«La conversión es mucho más que un arrepentimiento o una clara conciencia del mal hecho. La conversión es emprender un nuevo camino bajo la misericordia de Dios. Y sin dejar de ser uno mismo. Convertirse no es haber sido impetuoso y ser ahora una malva. Es ser ahora impetuoso bajo la misericordia de Dios. Por fortuna, san Pablo se convirtió de verdad: es decir, siguió siendo él mismo. Cambió de camino, pero no de alma».

El ejemplo de san Pablo fue claramente iluminador para mí. El apóstol de Tarso era un violento, un fariseo militante y exacerbado, brioso como un caballo pura sangre, enamorado de la lucha por lo que él creía el bien, tan peligroso como un león en celo. Perseguía a los cristianos porque creía que era su deber y porque le salía de los riñones, y un día Dios le tiró del caballo y le explicó que toda esa violencia era agua desbocada. Pero no le convirtió en un muchachito bueno, dulce y pacífico. No le cambió el alma de fuego por otra de mantequilla. Su amor a la ley se transmutó en amor a otra Ley, a la que serviría en el futuro con el mismo apasionamiento con el que antes sirviera a la primera. Se entregó a luchar por Cristo como antes lo hacía contra Él y sus seguidores. Efectivamente, había cambiado de camino, pero no de alma.

Éste es el cambio que se espera de los hombres: que luchemos por el espíritu como hasta ahora hemos peleado por el poder; que nos empeñemos en ayudar a los demás como hasta ahora nos empeñábamos en que todos nos sirvieran a nosotros. No que apaguemos nuestros fuegos. No que le echemos agua al vino de nuestro espíritu, sino que se convierta en un vino que conforte y no emborrache.

Pasarse la vida luchando «contra» los propios defectos es las más de las veces tiempo perdido. Porque hay muchos defectos que sólo se cortan «por dentro».

Voy a explicarme. Si yo digo: «Cuando deje de ser egoísta, podré empezar a amar», lo más posible es que me pase la vida entera tratando de no ser egoísta y no empiece a amar nunca. Si, en cambio, me digo: «Voy a empezar a amar, porque cuando empiece a amar dejaré de ser egoísta», entonces tengo todos los boletos para ganar en esta lotería. Porque el amor irá pulverizando «por dentro» el egoísmo.

Lo mismo ocurre en muchos terrenos. Si me digo: «Cuando me despegue de las cosas de este mundo, podré preocuparme de las espirituales», lo más posible es que me pase la vida entera y siga amando al dinero y obsesionándome por el poder o por el prestigio. Pero si, en cambio, digo: «Mañana voy a empezar a preocuparme por las cosas de mi alma», lo más probable es que mañana mismo empiece a descubrir qué poco importantes e interesantes eran el dinero, el poder o el prestigio.

Sí, la única manera de borrar los defectos es quemarlos por dentro. Porque, en realidad, no es que tengamos muchos defectos, sino que tenemos pocas virtudes, que el horno interior está apagado. Y, claro, en un alma semivacía pronto empieza a multiplicarse la hojarasca. Si san Pablo, al caer del caballo, no se hubiera enamorado de Cristo, al cabo de seis meses, aparte de haberse convertido en un tío aburrido que ya no sabía ni siquiera ser malo, habría acabado siendo un buen burgués mediocre montado en un burro.

## 72
# UN NIÑO RETRASADO

Siempre que alguna madre me habla de los problemas que sus hijos tienen con los estudios me acuerdo del caso de Albert Einstein, el mayor genio científico del siglo XX, el hombre que abrió las puertas a la ciencia atómica, el que, asustado un día por la fuerza terrible de sus descubrimientos, escribió que él no sabía aún con qué armas se combatiría en una posible tercera guerra mundial, pero que de lo que estaba seguro es de que, si llegaba a haber una cuarta, en ésta se lucharía con arcos y flechas, porque todo el resto de la civilización se habría destruido en la tercera.

Y pienso precisamente en Albert Einstein porque él fue un desastre en sus primeros estudios. Más: fue, en sus años iniciales, lo que se llama un niño retrasado, hasta tal punto que sus padres llegaron a temer que se tratara de un deficiente mental. A los tres años aún no sabía hablar. Conocía sólo cuatro o cinco palabras, y, aun éstas, las decía con dificultad.

Cierto que este retraso lo venció pronto y a los seis años comenzó a presentarse como un chiquillo normal. Pero ahora la rémora fue su invencible timidez. «Papaíto aburrimiento» (*Vater Langweile*) le bautizó la muchacha que servía en casa de sus padres, cuando veía que el chiquillo se pasaba los días enteros sin decir palabra.

Y las cosas no fueron mejor en la escuela: jamás destacó por sus notas, ni fue especialmente simpático. Tanto que, cuando comenzó a llamar la atención en el campo científico, los periodistas preguntaron por él a sus viejos condiscípulos y ni uno solo le recordaba. Jamás fue el primero de la clase ni cosa parecida. Y, en realidad, sólo a los quince años despertó la luz que llevaba en el alma. ¿Y el resto? Lo hizo el coraje, el trabajo, el esfuerzo. Hoy todos le llaman «genio».

Escribo todo esto porque nunca he creído en eso de que «el genio nace», como si la genialidad fuera una especie de chispa divina que te dan o no te dan, pero que fructifica ella solita si has tenido la suerte de recibirla. Al contrario, la historia está llena de posibles genios que se frustraron en aras de la vagancia y de hombres normales que a base de codos alcanzaron las orillas de lo genial. De hecho, puede asegurarse que de cada veinte personas que llegan a destacar en su vida, tal vez uno o dos fueron chavales punteros en sus estudios, pero los más se situaron en el montón.

¿Cuáles son, entonces, las claves de la genialidad? Yo me atrevería a señalar dos: el trabajo y la concentración constante en un objetivo.

La primera es algo demasiado evidente. Comentaré, por eso, sólo la segunda. Porque tal vez la mejor definición del genio es aquella que daba Sam Johnson: «El verdadero genio es un entendimiento de gran poder concentrado en un solo punto». Un gran hombre, me parece a mí, tiene que tener muy claro cuál es su alma, qué es lo que quiere, adónde va. Y hecha esta opción, dirigirse a ella sin vacilaciones, sin dispersarse, tozuda, apasionadamente. Y pacientemente. Clemenceau aseguraba que «el genio es una larga paciencia». Beaudelaire –uno de los poetas más aparentemente instintivos– respondía a una dama que inquiría en qué consiste la inspiración: «La inspiración, señora, es trabajar todos los días». Es decir, la inspiración del poeta o la genialidad del genio sólo le llegan cuando ha puesto a muchos grados y en ebullición la caldera de su inteligencia y su sensibilidad. El resto lo hace el trabajo. Beethoven llegaba a cuantificar esta relación: «El genio se compone de un dos por ciento de talento y un noventa y ocho por ciento de perseverante aplicación».

Escribo todo esto pensando en esos padres o en esos muchachos que se desaniman ante algunos fracasos. Fracasar es algo normalísimo en la vida. No hay gran hombre que no haya tenido algún batacazo. Lo que cuenta, pues, no es este o aquel fracaso, sino la postura que se toma después de él. Reacciones como «yo soy así», «no hay nada que hacer», «el que nace alcornoque, alcornoque morirá» son posturas de ciegos o de cobardes. Pues lo cierto no es que el genio tenga «más alma» que los demás mortales, sino un hombre que se empeña en llevar su alma hasta el final, a sacarle todo el jugo que ella tiene. Hay, es cierto, diferencias de talento, pero desde un talento medio puede subirse a una obra enorme.

Que se lo digan, si no, a «Papaíto aburrimiento», el torpe niño Einstein por quien nadie habría apostado un duro durante su infancia.

# ÉPOCA DE TRANSICIÓN

William Inge, el dramaturgo norteamericano, pone en labios de Adán, cuando es expulsado del Paraíso, una broma para consolar a Eva, que no acaba de entender lo que les ocurre: «Pero, querida, ¿qué le vas a hacer? Vivimos en una época de transición».

Un montón de siglos después, los hombres seguimos repitiendo eso de la «época de transición» y lo decimos muy seriamente para defendernos de todo aquello que no entendemos y a lo que no tenemos el coraje de oponernos. Ante cualquier problema nos resulta muy cómodo acudir a esa explicación tranquilizadora. ¿Que un muchacho llega a casa a las tantas, que gasta chorros de dinero y que carece de todo respeto a sus padres? Pues no faltará quien tranquilice a su padre: «¿Y qué le vas a hacer? La familia vive tiempos de transición. No hay nada que hacer». ¿Que un cura se pregunta por qué cada vez va menos la gente a su iglesia? Alguien le contestará: «Hijo, es que la Iglesia está también de transición».

Y lo gracioso es que, con eso de la transición, parece que todo está ya explicado, disculpado. Porque si se te ocurre seguir pensando que ciertas cosas están mal estemos en los tiempos que estemos, te mirarán por encima del hombro como a un pobre muchacho poco desarrollado o como alguien que no se adapta a sus tiempos. Tiempos de transición, naturalmente.

¿Y qué queremos decir con esa frasecita? Que nos ha tocado un mal tiempo, que hay que tragarse ciertas cosas porque, en definitiva, pasarán cuando el mundo se sedimente y lleguen los buenos tiempos que ya no serán de transición y en los que todo volverá a sus cauces. Así que mejor que luchar y desesperarse sería ser comprensivos, tolerar, esperar a que pase la mala ola y venga un tiempo como Dios manda.

Pero resulta que:
1. Todos los tiempos son de transición.
2. Nunca llegará una edad dorada e inmóvil.
3. Todos los tiempos son igualmente importantes.
4. Y, en todo caso, éste es el nuestro.

Efectivamente: todos los tiempos son de transición, desde Adán al juicio final. El hombre es un animal transeúnte que vive tiempos transeúntes. Hoy es el prólogo de mañana lo mismo que ayer fue el comienzo de hoy. Desde que el mundo es mundo los hombres, las costumbres, la misma vida religiosa han ido caminando y, por tanto, cambiando, y todas las generaciones han tenido la tarea de ir cribando lo que tenían y lo nuevo que venía, porque ni podían tirar todo el ayer por la ventana ni tragarse sin digerir cuanto el nuevo tiempo traía. El oficio del hombre no es, sobre la tierra, más que la tarea de una gran digestión de futuro, si es posible con el mínimo de indigestiones.

En segundo lugar, no ha existido ni existirá jamás una edad dorada y tranquila en la que el mundo se sedimente. Al contrario: cada vez que la Humanidad ha cometido esos inmensos errores que a veces nacen de un tonto afán de novedades, esos disparates se han incrustado en la carne de las siguientes generaciones que, con frecuencia, han tenido que pagarlos muy caros. Seguramente muchos, hace ahora cincuenta años, dijeron que lo de los campos de concentración eran cosas de un «tiempo de transición», pero eran mucho más: aún no nos hemos lavado su vergüenza.

En todo caso, todos los tiempos son igualmente importantes y han de ser vividos con idéntica responsabilidad. Ahora suele hablarse mucho de los años de lo que suele llamarse «el régimen anterior» y todos hablan como si ellos no hubieran estado allí; y hasta se habla de «los cuarenta años mediocres» o «los cuarenta años del borreguismo» sin darse cuenta de que, en todo caso, deberían hablar de los años de los mediocres o de los borregos, empezando por incluirnos en la cuenta.

Finalmente, bueno será recordar que nuestro tiempo –tanto si es de transición como si fuera de estabilidad– es «nuestro» tiempo, nuestro único tiempo. Si un día llegara a venir una edad dorada, nosotros, en todo caso, ya no estaríamos allí.

¿Qué quiero decir con todo esto? Que todo hombre debe ser fiel a sus convicciones y tener el valor de decir «esto es bueno», «esto es malo», tanto si está de moda como si no lo está. Que debemos oponernos a cuanto nos parezca indigno, sin caer en la trampa cómoda de decir: esto son cosas pasajeras del tiempo de transición que nos ha tocado vivir. Bastante nos arrastra la vida para que encima nos arrastren los tópicos.

## 74

## ECHARLE UNA MANO A DIOS

En una obra del escritor brasileño Pedro Bloch encuentro un diálogo con un niño que me deja literalmente conmovido.
–¿Rezas a Dios? –pregunta Bloch.
–Sí, cada noche –contesta el pequeño.
–¿Y qué le pides?
–Nada. Le pregunto si puedo ayudarle en algo.

Y ahora soy yo quien me pregunto a mí mismo qué sentirá Dios al oír a este chiquillo que no va a Él, como la mayoría de los mayores, pidiéndole dinero, salud, amor o abrumándole de quejas, de protestas por lo mal que marcha el mundo, y que, en cambio, lo que hace es simplemente ofrecerse a echarle una mano, si es que la necesita para algo.

A lo mejor alguien hasta piensa que la cosa teológicamente no es muy correcta. Porque, ¿qué va a necesitar Dios, el Omnipotente? Y, en todo caso, ¿qué puede tener que dar este niño que, para darle algo a Dios, precisaría ser mayor que Él?

Y, sin embargo, qué profunda es la intuición del chaval. Porque lo mejor de Dios no es que sea omnipotente, sino que no lo sea demasiado y que Él haya querido «necesitar» de los hombres. Dios es lo suficientemente listo para saber mejor que nadie que la omnipotencia se admira, se respeta, se venera, crea asombro, admiración, sumisión. Pero que sólo la debilidad, la proximidad crea amor. Por eso, ya desde el día de la creación, Él, que nada necesita de nadie, quiso contar con la colaboración del hombre para casi todo. Y empezó por dejar en nuestras manos el completar la obra de la creación y todo cuanto en la tierra sucedería.

Por eso es tan desconcertante ver que la mayoría de los humanos, en vez de felicitarse por la suerte de poder colaborar en la obra de Dios, se pasan la vida mirando hacia el cielo para pedirle que venga a resolver personalmente lo que era tarea nuestra mejorar y arreglar.

Yo entiendo, claro, la oración de súplica: el hombre es tan menesteroso que es muy comprensible que se vuelva a Dios tendiéndole la mano como un mendigo. Pero me parece a mí que, si la mayoría de las veces que los creyentes rezan lo hicieran no para pedir cosas para ellos, sino para echarle una mano a Dios en el arreglo de los problemas de este mundo, tendríamos ya una tierra mucho más habitable.

Con la Iglesia ocurre tres cuartos de lo mismo. No hay cristiano que una vez al día no se queje de las cosas que hace o deja de hacer la Iglesia, entendiendo por «Iglesia» el papa y los obispos. «Si ellos vendieran las riquezas del Vaticano ya no habría hambre en el mundo». «Si los obispos fueran más accesibles y los curas predicasen mejor, tendríamos una Iglesia fascinante». Pero ¿cuántos se vuelven a la Iglesia para echarle una mano?

En la *Antología del disparate* hay un chaval que dice que «la fe es lo que Dios nos da para que podamos entender a los curas». Pero, bromas aparte, la fe es lo que Dios nos da para que luchemos por ella, no para adormecernos, sino para acicatearnos.

«Dios –ha escrito Bernardino M. Hernando– comparte con nosotros su grandeza y nuestras debilidades». Él coge nuestras debilidades y nos da su grandeza, la maravilla de poder ser creadores como Él. Y por eso es tan apasionante esta cosa de ser hombre y de construir la tierra.

Por eso me desconcierta a mí tanto cuando se sitúa a los cristianos siempre entre los conservadores, los durmientes, los atados al pasado pasadísimo. Cuando en rigor debíamos ser «los esperantes, los caminantes». Teilhard de Chardin decía que en la humanidad había dos alas y que él estaba convencido de que el «cristianismo se halla esencialmente con el ala esperante de la humanidad», ya que él identificaba siempre lo cristiano con lo creativo, lo progresivo, lo esperanzado.

Claro que habría que empezar por definir qué es lo progresivo y qué lo que se camufla tras la palabra «progreso». También los cangrejos creen que caminan cuando marchan hacia atrás.

De todos modos hay cosas bastante claras: es progresivo todo lo que va hacia un mayor amor, una mayor justicia, una mayor libertad. Es progresivo todo lo que va en la misma dirección en la que Dios creó el mundo. Y desgraciadamente no todos los avances de nuestro tiempo van precisamente en esa dirección.

Pero también es muy claro que la solución no es llorar o volverse a Dios mendigándole que venga a arreglarnos el reloj que se nos ha atascado. Lo mejor será, como hacía el niño de Bloch, echarle una mano a Dios. Porque con su omnipotencia y nuestra debilidad juntas hay más que suficiente para arreglar el mundo.

# 75
# LAS TRES VIDAS

Decía Gracián que un hombre, para serlo completamente, tenía que vivir tres vidas y emplear la primera en hablar con los muertos (leer); la segunda con los vivos (viajar); y la tercera consigo mismo (reflexionar). Por eso recomendaba al «discreto» lo siguiente: «Traga primero leyendo, devora viendo y rumia después meditando».

Naturalmente, no quería decir el clásico jesuita que estas tres vidas debieran ser sucesivas, de modo que hubiera que dedicar la juventud a leer, la adultez a viajar y la senectud a reflexionar, pero sí quería afirmar que, mezcladas o sucesivas, esas tres tareas son parte obligada de toda vida completa.

Quienes de algún modo siguen este cuadernillo mío saben de sobra la importancia que he dado siempre a la lectura para una vida medianamente plena. No creo mucho en los genios espontáneos. No creo que la cabeza humana produzca por sí misma demasiado jugo de pensamiento. Normalmente un hombre sabe lo que ha aprendido y puede, cuando más, combinar de diversa manera lo adquirido para que resulte o parezca un nuevo guiso. Encerrad, si no, a un genio de quince años en una habitación durante veinte, sin libros, sin contactos y dejadle que «cree». Veréis la nulidad de sus esfuerzos. El mismo Mozart es hijo de sus predecesores, variador de sus contemporáneos, sobre cuyas huellas progresa y abre horizontes que decimos nuevos pero que estaban ya en semilla en los músicos precedentes.

Somos, efectivamente, «hijos de los muertos» que reviven y florecen en nosotros. Por eso quien no dedica al menos un 20 por 100 de su vida a esa «conversación con los muertos», que es la lectura, bien puede estar seguro de que mantendrá desierta su cabeza y vacía su vida.

La segunda vida, para Gracián, habría que invertirla en «viajar». Yo habría puesto, más bien «conversar», ya que confieso no haber creído nunca eso de que «viajar enseña muchísimo». Siempre he pensado que ése es un arte dificilísimo y que el 95 por 100 de los que creen viajar lo que en realidad hacen es turismo, en el sentido más vacío de esta vacía ocupación.

Séneca dedicó una de sus epístolas, la 104, a desmontar ese mito de que los viajes enseñan: «El andar de acá para allá no te aportará ayuda alguna; viajas, en efecto, con tus pasiones y tus vicios siguen. ¿Qué provecho le ha podido a uno procurar el viaje por sí mismo? No ha moderado los placeres, no ha reprimido la ira, no ha doblegado los impulsos violentos del amor; en suma, no ha extirpado del alma vicio alguno. No ha dado discernimiento, no ha disipado el error, sino que como a un niño que admira cosas desconocidas, le ha recreado por breve tiempo con cierta novedad. Por lo demás, ir de acá para allá estimula la inconstancia del ánimo, que se halla muy enfermo, y lo vuelve más inestable y ligero». Y la catilinaria sigue por varias páginas.

Tal vez yo no sería tan radical. Pues es cierto que conocer otros países ayuda a comprender el nuestro y entrar en contacto con diversas costumbres puede hacernos más comprensivos y abiertos. Pero ¿no es cierto que, en la casi totalidad de nuestros viajes, no hacemos otra cosa que coleccionar postales de edificios o paisajes, sin entrar en un verdadero contacto humano con los habitantes de los países que recorremos? Sí, me temo que tenía toda la razón del mundo aquel humorista que encontró el argumento definitivo para demostrar que no es cierto que los viajes enseñan: si eso fuera verdad –decía– los más sabios del mundo serían los revisores.

Por eso prefiero decir «conversar» como segunda vida. Efectivamente: hablar con los seres humanos es tan necesario como leer. Hablar a fondo, hablar de cosas importantes. Es decir: eso que ya apenas se hace. ¿Han observado ustedes que hace mucho tiempo la verdadera conversación ha muerto o se ha vuelto rarísima? Nos cruzamos palabras o frases, pero no hablamos. Nuestros encuentros con el prójimo son ocasionales, rápidos. Rara vez nos «sentamos a charlar despaciosamente». ¿Y dónde podremos aprender más que si logramos ver la vida con los ojos del prójimo, además de con los nuestros?

Y una tercera vida para la reflexión. Silenciosa, honda, solitaria. Éste es el arte que nadie nos enseña. En nuestros años de estudiante será milagroso si hemos encontrado un profesor que nos haya enseñado no sólo a tragar conocimientos, sino también a digerirlos mediante la propia reflexión. Por eso, tantos se morirán sin haber tenido media hora de conversación silenciosa consigo mismos. Han vivido consigo, pero no se han enterado. Han estado «al lado de su alma», pero no pueden asegurar que fuese suya.

Hay millones de hombres que aseguran que la vida no tiene sentido, que la viven aburridos, que jamás se la imaginarían como una aventura apasionante. Y la razón es muy simple: han dejado sus tres vidas sin vivirlas.

# 76
# LOS PEQUEÑOS DETALLES

Cuanto más avanzo por la vida más me convenzo de que la felicidad de los humanos está compuesta, más que por grandes golpes de alegría, por pequeños gestos o detalles de amor o de belleza bien saboreados. Si yo tuviera que medir la temperatura de felicidad del universo por la correspondencia que recibo, concluiría fácilmente que la amargura pesa más que el gozo. Pero me pregunto: ¿Es que los desgraciados son más que los felices? ¿O no será que el hombre dolorido tiende más a expresar su dolor y a pedir ayuda que el feliz a comunicar su gozo?

Hay una señora que hoy me escribe porque –dice– «como supongo que recibirá usted muchas más cartas de personas angustiadas y desesperadas, planteándole problemas que encogerán su corazón, yo quiero que, al menos la mía, sea un canto de felicidad».

¿Es que a esta señora le va todo bien en la vida: salud, dinero, compañía, éxito, futuro prometedor? No. Tiene setenta y ocho años. Es soltera (aunque la hubiera gustado casarse y tener hijos, ya que cree apasionadamente en la familia y el matrimonio). Vive ahora sola, con mediana salud, acompañándose de un bastón para andar. Ha ido perdiendo a lo largo de los años a casi todos sus seres queridos. Y en realidad, con la única fuerza con la que cuenta es con la fe, que es para ella «una riqueza inapreciable». Y, con la fe, una manera gozosa de entender el mundo, una tendencia como espontánea a recordar lo bueno y olvidar lo malo, y a sacarle jugo de entusiasmo a las pequeñas cosas de la vida.

Por ejemplo, hace unos domingos vivió una pequeñísima experiencia que llenó de gozo su corazón durante veinticuatro horas y que aún le ha dejado un maravilloso regusto en los labios. Resulta que siendo adolescente, casi niña, antes de la guerra, iba con otras compañeras de colegio a dar catequesis en una parroquia. Allí, entre los niños, había uno de seis añitos «que era una monada». Este niño es hoy un anciano, tiene nietos. Pues bien, ese domingo, cuando mi amiga regresaba de comulgar, se cruzó en la fila con ese mismo anciano con el que hacía años no había vuelto a hablar. Él la miró, reconociéndola y durante unas décimas de segundo cogió y apretó cariñosamente su brazo. No se dijeron palabra. Sólo se sonrieron, pero aquella centésima de segundo llenó de felicidad todo el día de mi amiga, que aún paladea aquel breve encuentro, tras el cual no ocurrió nada más, pero que fue igualmente milagroso.

Es, dice mi amiga, «la felicidad de las pequeñas cosas». Unas pocas así cada año son suficientes para llenar un corazón.

Claro que es muy difícil hacer bien un pequeño gesto de amor y mucho más difícil saber entenderlo y degustarlo. Arturo Rubinstein, el gran pianista, explicaba en cierta ocasión que quienes no saben tocar el piano «no conocerán nunca la energía y el trabajo que hay que desarrollar en los pianissimos». Un buen silencio es siempre más difícil que un buen sonido y amar sin estridencias es mucho más arduo que lo que la gente llama «hacer el amor». Todo verdadero amante sabe que lo mejor de su historia de amor fueron siempre, precisamente, esas pequeñas cosas «intranscendentes» que habrían pasado inadvertidas para quienes no supieron preparar su paladar: aquella sonrisa, aquel tono de voz con la que se dijeron aquella tarde las palabras de siempre, aquel apretón de manos..., es decir, todas esas cosas fundamentalísimas que la mayoría acaba dejando de hacer como secundarias, pero que son el mejor jugo de la vida humana.

## 77

# LOS DOS ROSTROS DEL DOLOR

Hace muchos años que me intranquiliza y angustia una gran pregunta: ¿Por qué el dolor, que purifica, eleva y sostiene a tantos hombres, amarga, envenena y destruye a otros? Las dos realidades son claramente verdaderas. Basta con bajar a tu propia alma, con observar a tu alrededor, con visitar un hospital para descubrir que, mientras hay seres que, con las adversidades, mejoran como el vino envejecido, muchos otros se avinagran y dejan que sus almas se vuelvan putrefactas. ¿Depende de la «cantidad» del dolor? ¿Del «tipo» de almas que sufren? ¿De la postura de unos y otros ante el sufrimiento? ¿Del saber encontrar o no el sentido de las cosas adversas?

Confieso que aún no he acabado de encontrar respuesta a estas preguntas. Si yo retorno a mi historia, tengo que confesar con sinceridad que a mí, como persona –y juro que no me han faltado dolores, choques, traiciones, como a todo hijo de vecino–, el dolor, las tribulaciones, nunca me han hecho daño. Me han hecho sufrir, pero no han causado daño en mi alma, no han cambiado la dirección de mi vida. Al contrario: he de reconocer que la mayoría de las cosas menos malas que poseo, al dolor y a las dificultades se las debo.

Y esto mismo que pienso yo es lo que confiesan la mayoría de los escritores que han afrontado este problema. Permitidme unas cuantas citas. «La adversidad no es una desgracia. Al contrario, el sufrir con grandeza de ánimo es una dicha» (Marco Aurelio). «Ser siempre feliz y pasar la vida sin que el dolor muerda el alma es ignorar la otra cara de la naturaleza» (Séneca). «El hombre es un aprendiz: el dolor es un eterno maestro» (Alfredo de Musset). «Los golpes de la adversidad son amargos, pero nunca estériles» (Renán). «El que no ha sufrido no sabe nada. No conoce ni el bien ni el mal, ni a los hombres, ni a sí mismo» (Fenelón). «El dolor aguza la inteligencia y fortifica el alma. La alegría nos vuelve frívolos y egoístas» (Schubert). «Las gentes dichosas no conocen gran cosa de la vida. El dolor es el gran maestro de los hombres» (Anatole France). «No existe nadie más infortunado que un hombre que no haya tenido que sufrir» (José de Maistre). «La tribulación es la trilla que aparta la paja del grano, la lima áspera que quita el orín y limpia el hierro, el crisol que afina y apura el oro, la librea de los hijos de Dios» (Rivadeneyra).

La lista podría ser interminable y en todos los casos, como se ve, se presenta el dolor como una de las grandes palancas positivas de la Humanidad y del hombre. ¿Es todo esto literatura? ¿O afanes de dorar la píldora y tratar de endulzar, elogiándolo, lo que es malo, para que resulte mas soportable?

Porque, por otro lado, no podemos ignorar cuántos humanos han sido destruidos por el dolor. Yo conozco muchas personas en las que es inútil intentar sembrar la esperanza. Digas lo que digas, siempre encontrarán la gota de veneno para mantenerse en su amargura. Son, y me duele decirlo, almas putrefactas que sólo un verdadero milagro de Dios lograría resucitar. ¿Por su culpa? ¿Porque el dolor ha sido tan especialmente intenso que hasta un gigante del espíritu se hubiera vuelto resentido?

Lo grave del asunto es que, cuando examinas de cerca las causas de esa amargura adoptada, descubres muchas veces que no se trata de dolores tan grandes o insuperables. Tú conoces muchas otras personas que han sufrido tanto o más y que han sabido sobreponerse y viven en la alegría y hasta la reparten.

¿Cuál es, entonces, la última razón de este contraste? Ya he dicho que no lo sé con certeza y que, en definitiva, cada caso es cada caso. Pero aun así, me atrevería a adelantar una idea: el que el dolor se vuelva constructivo o destructor depende, mucho más que de la «cantidad» del mismo dolor sufrido, de la «calidad» del alma que lo sufre, de la postura espiritual con la que el dolor es asumido. Hay seres que –por esfuerzo, por educación o por suerte– son seres positivos y personas que –por cobardía, por falta de coraje o por carácter– son seres negativos. Hay quienes «cultivan» sus dolores y se revuelcan en sus propias tristezas, y quienes –imitando al cedro– saben que cuando se les corta una rama gruesa, en lugar de dedicarse a lamentarse o autocompadecerse, deben dedicar toda su vitalidad a hacer nacer y crecer una nueva rama que ocupe el lugar de la perdida.

A mí, al menos, siempre me ha ido bien en la vida olvidarme cuanto antes de los dolores y dedicar todas mis energías a la nueva rama que tengo que florecer. Si me cierran una puerta, no me romperé la cabeza contra ella: buscaré otra puerta por la que pasar. Si me llega una ola capaz de derribarme, me agacharé un momento, esperaré a que pase y de nuevo me levantaré sin preocuparme de que detrás pueda venir una nueva ola. Si algo me falta, no perderé mi tiempo en lamentarlo, cuando tengo tanta necesidad de tiempo para disfrutar lo que tengo. El dolor ha sido siempre para mí un nuevo reto, un obstáculo que me obliga a saltar más lejos. Todo menos volverme mezquino y rencoroso y resentido. Sé que no ha nacido dolor capaz de derribarme. De golpearme, tal vez, pero no de segar mis esperanzas. Necesito que cuando llegue el único dolor que no podré vencer –el de la muerte– me encuentre estando vivo.

# 78
# EL ARCO IRIS DE LA ABUELA

Un muchacho de ventipocos años me escribe para contarme una experiencia espiritual que, al parecer, a él le ha impresionado enormemente. La transcribo tal y como él me la cuenta:

«A finales del pasado diciembre enterramos a mi abuela en su pueblo natal de Valladolid: esa era su ilusión durante los últimos meses de su vida. Y, en el silencio de la vuelta, ocurrió para mí lo inesperado, algo que me hizo comprobar que Dios está en todo momento a nuestro lado. Íbamos entrando por la cara norte de la sierra de Madrid entre una lluvia intensa, y, desde el comienzo del regreso, una pregunta rondaba dentro de mí: '¿Estará bien la abuela? ¿Verá a Dios? ¿Hemos hecho bien trayéndola aquí?'. Yo la quería mucho. Ella me había enseñado a rezar cuando era pequeño. Cuidó de mí en muchos momentos y ¡ahora estaba tan lejos! Por eso me repetía y me repetía: '¿Estará bien en estos momentos?'. Y entonces sucedió. Entonces llegó la respuesta. Se abrió un hueco entre las nubes y asomó tímidamente el sol, pero con la suficiente fuerza como para dibujar en el cielo el más brillante, el más limpio y hermoso arco iris que jamás había visto. Sí, sentí que, a través de él, mi abuela se dirigía a mí, me estaba contestando: 'Sí, estoy muy bien, mira mi sonrisa'. Quise disimular las lágrimas que afloraron a los ojos. Eran lágrimas de alegría. Porque entendí que ella ya descansa en paz junto a Dios».

¿Qué decirle a este muchacho? Ante todo alegrarme de su alegría y felicitarle por su sensibilidad. Pero luego, enseguida, prevenirle contra el riesgo de buscarle respuestas visibles a lo sobrenatural. Y esto por muchas razones: porque lo sobrenatural es siempre muy misterioso y no es fácil distinguir lo que es mano de Dios y lo que es simple casualidad; y, sobre todo, porque cuando uno se acostumbra a buscar ese tipo de respuestas, ¿qué ocurrirá cuando falten, cuando Dios responda, como hace tantas veces, con el silencio y la oscuridad?

Me gustaría contarle ahora a este muchacho y a mis lectores algunas experiencias personales que puedan iluminar el problema. Recuerdo muy bien que cuando yo empecé mi ministerio sacerdotal, me ocurrieron un par de fenómenos sorprendentes que podían interpretarse como pequeños milagritos que pasaran por mis manos. Algunas cosas mías —sermones o confesiones— producían frutos muy superiores a la lógica. Y recuerdo que los saboreé como si Dios estuviera explicándome tangiblemente lo que eran las manos sacerdotales. Pero, curiosamente, eso que me ocurrió en mi primer año de sacerdocio, no ha vuelto a sucederme jamás. Era como si Dios hubiera querido ponerme la miel en los labios en un primer comienzo y luego me hubiera dicho: «Mira, de ahora en adelante todo tendrás que hacerlo desde la fe y el esfuerzo, las más de las veces sin ver el fruto y casi siempre desde la oscuridad».

Esta oscuridad la experimenté mayormente el día de la muerte de mi madre. Como su entierro se retrasó algunas horas para que yo tuviera tiempo de regresar desde Roma —donde yo estaba— el tiempo hizo su labor terrible en el rostro de mi madre. Y, cuando yo la vi, estaba completamente deformado. Casi no era ella. Yo hubiera dado veinte años de vida por ver su rostro sonriente. Pero se me negó. Y durante algunos momentos pensé que nunca «perdonaría» a Dios aquello. Que mi madre muriera, podía comprenderlo: era mortal, al fin, como todos los humanos. Pero que, en tan pocas horas, Dios dejara que fuese destruido aquel santuario en el que yo fui engendrado, me parecía demasiado, una especie de crueldad innecesaria. Lo recuerdo muy bien: tuve que hacer todo el acopio de mi fe para reconocer que aquello por lo que yo la quería no era su cuerpo, sino algo mucho más profundo que nada ni nadie corrompería jamás. Pero aún hoy me duele no entender por qué Dios no tuvo entonces conmigo esa pequeña caricia de misericordia de retrasar «aquello» por unas pocas horas.

Pero, desde la fe, comprendo que la noche oscura es parte de la vida de todo creyente y que Dios no nos ama menos cuando se calla que cuando nos acaricia visiblemente.

Por eso me preocupa tanto toda esa gente que busca lo sentimental y lo dulce como parte central de su fe. Los que sólo comulgan cuando «sienten deseos» de comulgar. Los que abren un ejemplar de la Biblia y esperan que, poniendo un dedo en una frase al azar, en ella Dios responderá a sus necesidades. Los que hacen apuestas consigo mismos diciéndose: si mañana hace sol es que Dios está contento conmigo; si llueve es que está insatisfecho. Los que creen que lo importante de una misa es que el cura predique bien y la música sea agradable (aunque naturalmente ambas cosas resulten deseables, mas no decisivas para ir o no ir a una misa). Los que olvidan que Dios es amor y el amor es siempre plenitud, pero no siempre consuelo.

Por eso quisiera concluir diciéndole a mi comunicante que, cuando quiera saber si su abuela está bien, agradezca el arco iris, pero no busque en él la respuesta. Búsquela en la palabra de Jesús que garantizó que él salvaría a cuantos permanecieran en Él. Ése sí que es un arco iris seguro y magnífico.

## 79
# COCINAR COMO QUIEN OFICIA

Vinoba Bhaave, tal vez el más grande de los discípulos de Gandhi, no quiso nunca tener en su casa cocineros o cocineras. Pensaba que preparar la comida para sus amigos era una tarea suya, tan digna como las demás, y no rehusaba, por ello, abandonar los estudios y toda otra actividad para emplear horas y horas en elaborar los alimentos. Solía decir que «para hacer un día grandes cosas, es necesario empezar por regocijarse grandemente de poder hacer otras pequeñas».

Un día Gandhi le preguntó: «¿Cómo es que lo que cocinas es más sabroso que lo que los demás preparan?». Y, tras unos segundos de reflexión, el propio Mahatma se respondió a sí mismo: «Quizá porque cocinas para nosotros como se manda un mensaje de amistad a un amigo y porque lo haces por amor de Dios, como quien oficia».

Gandhi y Vinoba tenían razón: una de las grandes pestes de nuestro mundo es esa que nos incita a distinguir entre tareas importantes y tareas despreciables, entre oficios de primera y de segunda. Porque, bien pensado, ¿es más importante dirigir un país o una casa? ¿Aporta más al mundo un ministro que un padre? ¿Es más humano dirigir una orquesta que cocinar una paella? ¿Eleva más el estudio que un trabajo manual bien hecho? ¿Está más realizado un ingeniero que una madre de familia?

Tendríamos que empezar por ponernos de acuerdo en que todo aquello que es digno de ser hecho por un hombre es algo muy importante, y que lo que da a las cosas su verdadera dignidad no es la calidad de la cosa en sí, sino el espíritu con que se hace. Un buen carpintero es más hombre que un mediocre subsecretario.

Por eso yo no entiendo muy bien por qué hay personas que se sienten humilladas por las tareas que realizan, sin darse cuenta de que, al no valorarlas, las hacen mal y acaban siendo ellas quienes se rebajan y denigran. Yo nunca pensaré mal de una simple cocinera, pero sí sentiré pena ante una cocinera descuidada, precipitada o vulgar.

Sobre todo porque hay cosas pequeñas que pueden ser, a la vez, mucho más. Ghandi lo entendía muy bien cuando descubría cuál es la clave del verdadero sabor de una comida: lo que hay por encima y por debajo de lo que se come. Concretamente, el que haya sabido convertirse en un acto de amistad y en un acto de culto.

Aún hoy paladeo el sabor de aquellos dos pedazos de pan y queso que, envueltos en el calor de la amistad, me ofrecieron hace muchos años en una casa de pastores. Y sé que en mi casa he medido siempre lo que hay en mi plato, más que por su sabor en sí, por las horas de sudor que sé que ha costado elaborarlo. Comer de veras es comer amor y amistad. Ningún restaurante en el mundo tiene mejor cocina que la casa en que le quieren a uno.

Y no hay cosa mejor que aquella que ha sido fabricada con el respeto y la entrega que precisa un acto de culto. Todo el que trabaja como se debe es un sacerdote, porque está elevando a Dios el fruto de sus manos. Cocinar, cortar la madera, escribir un artículo, todo es completar la creación, hacer obra realmente creadora, oficiar un verdadero culto.

Claro que ni la amistad ni el culto pueden hacerse rutinariamente, aburridamente. Y este es el gran problema: la mayoría de los humanos no ama lo que hace. Como no lo valora, lo hace sin amor. Y toda obra hecha sin amor ha de ser forzosamente insípida, como una comida fría o recalentada. Con lo que obra y comida son doblemente inútiles: inútiles para quien las hace, porque lo que se hace sin amor no produce alegría; inútiles para quien las recibe, porque donde no se percibe la alegría no puede haber auténtica fraternidad. Con lo que el cocinero cocina sin realizar la primera necesidad que todos los hombres tenemos, que es la de amar; y el comensal tampoco realiza la segunda necesidad de los humanos, que es la de ser amados.

Pero desgraciadamente en nuestro mundo ya casi nadie trabaja por amor a lo que hace. O se trabaja por dinero o por conseguir un puesto más alto en el que se pueda trabajar más cómodamente, es decir, trabajar menos. Y es muy normal que se trabaje para conseguir la propia subsistencia, pero un trabajo que no tiene más interés que un salario no parece que pueda saciar el espíritu de un hombre. Sobre todo cuando se puede trabajar y servir, trabajar y amar al mismo tiempo. Y son precisamente el servicio y el amor los que multiplican por cien la importancia de cada trabajo, los que enriquecen a quien los hace y a quien los disfruta. Porque el cariño en el plato es el mejor caviar.

# 80
## LOS PADRES OPRIMIDOS

Si algo hay evidente en nuestro mundo es el desconcierto de un alto número de padres cuyos hijos oscilan entre los catorce y los veinte años. Son padres que no entienden nada de lo que ocurre a su alrededor, que miran a sus hijos y se preguntan de dónde han sacado la mentalidad que tienen, quién les enseñó las maneras con que se comportan.

Algunos de esos padres me escriben, tal vez más para desahogarse que para pedir consejos. Y me cuentan —quizá exagerando— un poco la vida real de sus muchachos.

Esta de hoy, por ejemplo, es una mujer animosa que, a las tres y cuarto de la mañana, mientras espera escuchar el motor del Vespino de su hijo, que aún no ha regresado a dormir, me cuenta sus esfuerzos por «dejar a sus hijos un buen recuerdo y un buen ejemplo», y sus miedos de no conseguirlo, porque —dice— «a la gente joven les interesan muy pocas cosas que no sean sus caprichos y su egoísmo». Y comienza una dramática descripción:

«En lo religioso, no les interesa rezar. Mis hijos mayores ya no van nunca a misa: es un rollo. Empiezan a decir que si el papa, que si tal cura es así o asá, que si la Iglesia no se ha modernizado y que patatín y que patatán. Yo, a mi manera, les hablo de Jesús, pero no les convenzo: yo no tengo estudios y ellos sí, por eso me pueden. Y luego está la moral: la mayoría de los jóvenes hacen el amor con su pareja, lo ven normal, dicen que eso es la biología y que es la Iglesia quien se equivoca al no permitirlo. Y me pregunto: ¿Qué tenemos que hacer los padres? Yo no sé lo que está pasando, pero ellos se alejan cada vez más. De nosotros lo único que quieren es la paga semanal, aunque no se hagan ni la cama. Hablan lo menos posible con sus padres, se duchan a diario y quieren ropa bien limpia, llegan a casa tardísimo. Y que les prestes el coche, que les dejes dormir toda la mañana, que la comida esté bien y que no te metas con ellos porque te miran con cara de guardia. Si te hacen un recado te lo cobran en pesetas y, aunque usted no se lo crea, yo con todos los padres que hablo se quejan de lo mismo. Mi marido trabaja en dos sitios para que ellos tengan lo necesario, y ellos se quedan tan panchos con los pies encima de la mesa viendo la birria de la tele que les tiene alucinados y repitiendo curso, porque los libros, los profesores, los curas, los padres, la vida, todo es un coñazo, y perdone la forma de decirlo pero así es como hablan. Con todo esto yo pienso que nuestra generación estuvo oprimida por sus padres y ahora está oprimida por los hijos».

Y concluye: «Perdone mi letra y mi sueño. Cuando oiga el Vespino de mi hijo que llega, me acostaré y lo haré sin decirle nada. Y mañana me levantaré pronto y empezaré otro día más. De todas formas le pido a Dios que me ayude a ser una madre cada día mejor».

¿Qué decir de este «retrato» de los adolescentes de hoy? Por de pronto que aplicarlo a «todos» los muchachos actuales sería una gran injusticia Y después, que no reconocer que refleja a porcentajes bastante altos de ellos sería una ingenuidad. Desgraciadamente son muchos los que, con más o menos detalles, encajan en este «tipo» de adolescentes. O, al menos, así les ven sus padres, que en grandes proporciones sienten ese desconcierto, ese no saber por dónde salir, que esta carta refleja. Es, sí, un hecho la extensión de ese «cáncer de la frivolidad» dentro de la juventud de última hora.

¿De qué proviene? Como siempre, de un largo complejo de factores. Resumiendo mucho yo diría que hemos educado a los jóvenes, al mismo tiempo, en una gran comodidad y en una gran falta de esperanzas personales. Muchos educaron a sus hijos en un afán de tenerlo todo, de no sacrificarse por nada, en que todo les fuera resuelto sin responsabilidades personales, con una visión de la libertad que consistía en que se hiciera en todo su capricho (y esto ya desde muy niños) y, luego, se quejan de que esos mimados resulten egoístas. Pero, al mismo tiempo, les hemos situado ante un mundo en el que casi todas las puertas permanecen cerradas: han de estudiar carreras que tal vez no eligen; ven cómo los que les superan en unos pocos años vagan, después de acabar sus estudios, en busca de un puesto de trabajo; viven en una sociedad que magnifica la trampa y en la que la mentira y el juego sucio son armas normales. Y todo les incita a la postura cómoda: disfruta del presente, porque, te esfuerces o no, el futuro será igual de oscuro.

¿Y qué decir a esos padres desconcertados? Que examinen un poquito sus conciencias para averiguar si empezaron ellos educándoles en ese aplatanamiento. Pero que, luego, no se detengan a inculparse tontamente, que hagan lo que la madre de esta carta: que se acuesten pensando que mañana van a seguir trabajando, a seguir queriendo a sus muchachos, con la seguridad de que del amor siempre sale algo, siempre queda algo. Pero que no tengan miedo a cantarles las cuarenta siempre que sea necesario, sin látigos, pero también sin acomplejamiento. Porque, cuando uno empieza por decir «no hay nada que hacer», entonces es cuando efectivamente no hay nada que hacer.

## 81

## «CUIDA DE LOS NIÑOS»

Los textos que tres pasajeros del Jumbo japonés que se estrelló hace días escribieron minutos antes de morir son, me parece, un documento conmovedor y fundamental sobre la condición humana. «A mis tres hijos: cuidad de vuestra madre. El avión está cayendo en picado. No hay esperanza», escribió Hiroji Kawaguchi. «Tuve una vida feliz. Gracias a todos. Tsyoshi, hijo, cuida de todos. Dios nos ampare», dice otro escrito. «Machiko, cuida de los niños», escribió sólo Masakatsu Taniguchi segundos antes de que el avión se convirtiera en una montaña de chatarra.

Durante todo el día esas tres frases me han conmovido y llenado de un extrañísimo gozo. Porque prueban que algo funciona en esta nuestra dolorida raza humana.

Demuestran, por de pronto, que el amor es más fuerte que el mismo miedo a la muerte. En unos segundos terribles –cuando parece que el alma se paraliza por el pánico– en esos tres hombres latió el corazón por encima de sus propios deseos de vivir. Los tres se acordaron y preocuparon de «los otros» más que de sí mismos. Y tuvieron más tiempo de agradecer lo felices que habían vivido, que de lamentar que esa vida concluyera.

Demuestra, además, que, a la hora de la gran verdad, lo que quedan son los hijos, la esposa, los seres queridos. No el dinero, no las empresas, no los honores, no los títulos, no el prestigio. No todo eso por lo que, estúpidamente, luchamos cuando creemos vivir.

«Cuida de los niños» es, me parece, no el testamento de un hombre, sino de toda la humanidad. Y nada pueden ante ese prodigio las teorías y las frivolidades. Porque, afortunadamente, al final lo que siempre queda es el amor.

## 82
## DOS CARAMELOS

Julián Rivera, el portero suplente de los fines de semana en mi casa, se nos fue ayer golpeado por la muerte cuando acudía a su trabajo. Y hubo en todo el vecindario ese aire gélido que parece que sopla cuando la muerte nos roza con su ala. Porque a Julián le queríamos todos. Estaba siempre allí, pequeño como era, sentadito en su rincón, repartiendo sonrisas y saludos, dispuesto siempre a ayudar en todo lo que hiciera falta. Parecía la imagen de la felicidad. Y no es que la vida hubiera sido fácil para él. Estaba en el paro por el cierre de la empresa donde trabajó tantos años y ahora sobrevivía con ayudas como la que ganaba en nuestra casa cubriendo la portería los fines de semana. Pero él sonreía siempre y siempre hablaba bien de todo el mundo y especialmente de su mujer y de sus hijos a quienes adoraba. Era eso que llamamos un hombre bueno. Uno de esos hombres buenos gracias a los cuales el mundo sigue siendo habitable.

Los niños de la casa han perdido especialmente una especie de abuelo suplente. Y lo ha perdido muy especialmente Alfonsito, mi vecino, que a Julián le recordaba uno de sus hijos muertos «hace ahora veintiocho años y tres días», como él me dijo un día con exactitud matemática, que me hizo pensar qué honda estaba en él todavía la herida de aquella muerte. Por eso cada domingo, cuando Alfonsito llegaba por la tarde, sabía que en el casillero de su buzón habría siempre un diminuto regalo de Julián: dos caramelos, una pastilla de chocolate o un trozo de turrón cuidadosamente envuelto en papel de plata. Y ese regalo semanal era tan sagrado para el niño como para Julián. En la mañana del domingo, al salir para ese trabajo al que ya nunca llegaría, nuestro portero se metió en el bolsillo los dos caramelos que, por la noche, serían la sorpresa del pequeño. Pero anoche el buzón estuvo por primera vez vacío. Porque los dos caramelos se fueron en el bolsillo de Julián que, con ellos, ha sido enterrado hace unas horas. Yo me imagino que ayer, cuando Julián se encontrase con Dios y éste le preguntase: «¿Qué has hecho en tu vida?», sacaría nuestro portero del bolsillo esos dos caramelos y le diría a Dios: «He querido a la gente». Y esos dos caramelos serían para Dios tan sagrados como las dos monedas de la viuda del Evangelio, es decir, más valiosos que todo el oro del mundo.

# ¡TONTA! ¡TONTA!

Entre las cartas que este verano he recibido hay una muy hermosa de una mujer que me pregunta si su vida no habrá sido un fracaso, puesto que nunca ha sido suficientemente comprendida por cuantos la rodean. Su deseo de realizar su propia vida según su conciencia no ha recibido otra cosa que piadosas sonrisas compasivas. Y durante toda su existencia ha tenido que oír cientos de veces el apelativo de «tonta», porque, según muchos, no sacaba a su vida el «juego» que ellos creían tan importante.

«A los siete años –me dice– era tonta porque creía en los Reyes Magos y me gustaba hacer lo que mis maestros y padres deseaban de mí; a los quince años, porque creía en el amor y en la amistad pacífica y no me gustaban las críticas ni las diferencias entre los amigos; a los veinte, porque, en vez de buscar un novio rico y con buen porvenir, me enamoré de un muchacho pobre, licenciado en letras (hoy catedrático), que a fuerza de sacrificios había salido de su condición de obrero y porque me pasaba los fines de semana estudiando para acabar mi carrera y hacerla con dignidad; a los treinta, porque acepté todos los hijos (siete) que el Señor quiso enviarme; a los cuarenta, porque mi casa estaba siempre llena de familiares y amigos de mis hijos y no me importaba trabajar por ellos; a los cincuenta, porque adopté un niño abandonado y porque creo en Dios e intento amarle sobre todas las cosas. Ahora mis propios hijos se suman a los que me han llamado tonta toda la vida. «Si tú eres tonta, madre –piensan y dicen–. Nosotros te 'admiramos' (pero lo dicen entre comillas, queriendo decir 'te compadecemos'), mas no cuentes con nosotros que somos más 'listos'». Y, si yo les contesto 'no quiero vuestra admiración, sino vuestro cariño' ellos me dicen que les quiero demasiado, que no les quiera tanto, que no pida correspondencias, porque hay un hermoso mundo que disfrutar y del que yo no tengo ni idea. Sí, me he oído llamar tonta toda la vida y lo he soportado más o menos airosamente; pero en este momento la carga se me hace ya muy pesada».

¿Qué decir a esta amiga? Que, por favor, por lo que más quiera, siga siendo tan «tonta» como hasta ahora. Porque mejor es ser tontos que estar muertos. Mejor tontos que vacíos. Mejor tontos que traicioneros a nuestra conciencia.

Luego decirle que aspirar a ser buenos y coherentes con nosotros mismos y, encima, desear que los demás nos comprendan del todo, es pedir demasiado. Como una quiniela de catorce. Estar satisfechos con nosotros mismos, ¿no será ya suficiente premio?

Y finalmente, añadir que no hay que creer demasiado en ciertas sonrisas compasivas. Con frecuencia es el arma que emplean los mediocres para no reconocer la bondad de aquellos a quienes admiran de veras y no se atreven a imitar.

Algo más aún: aceptar que el amor sólo se impone a largo plazo. Pero que, a la larga, es infalible. Esos hijos, amiga mía, aunque alguna vez parezcan sonreírse ante usted, están ya salvados. Ya nunca podrán olvidar que han sido queridos. Tal vez lo comprendan más tarde, pero un día se sentirán muy llenos y muy orgullosos de su «tonta» madre.

## 84
## EL CASO RAMBERT

Una de mis manías –mis amigos ya la conocen– es la de releer los viejos libros de mis años juveniles. Y estos días le ha tocado a *La peste*, esa novela en la que, tan prodigiosamente, resume Camus todo el pensamiento europeo de los años cuarenta.

Y, en esta relectura, ha vuelto a impresionarme especialmente la historia de Rambert, el periodista que, en la novela, descubre la solidaridad.

Rambert es un muchacho joven, feliz. Ha dejado en Francia a una mujer amada y viaja a Orán, para hacer un reportaje, pocos días antes de que en la ciudad se desencadene la peste. No es un hombre profundo. Hace su oficio y no es amigo de las grandes ideas o las grandes cavilaciones. Vive. Y su vida es dichosa, iluminada por uno de esos amores sencillos, sin complicaciones, que tan bien sabía pintar Albert Camus. Rambert es el símbolo del joven moderno que «se dedica» plenamente a ser feliz.

Pero la peste le sorprende en Orán y queda encerrado en la ciudad cuando en ella se declara la cuarentena. Su primera reacción es de cólera: el problema de la ciudad es algo que a él «no le concierne». No se siente ligado a las medidas que las autoridades adoptan. Piensa que el suyo «es un caso personal». Y decide escapar, contraviniendo las normas comunes. Él, piensa, no es «culpable» de lo que en la ciudad ocurre. No tiene por qué pagar las consecuencias. Él tiene «derecho a la dicha».

Cuando consulta su caso al doctor Rieux, el personaje central de la obra, que ha decidido renunciar a su propia dicha para curar a los apestados, el doctor aprueba su decisión: respeta el «derecho a la dicha» de Rambert y sabe que su decisión personal de renunciar a ella no le permite imponer a los demás esa renuncia. Le ayuda, incluso, a conseguir una fuga que no se permite a sí mismo.

Pero mientras Rambert está preparando su escapada, va descubriendo que, cuando en una ciudad hay peste, ya no hay «casos personales», que todos los hombres están unidos por un mismo destino y por sus circunstancias. Descubre que «el hombre es una idea bien pobre cuando se aparta del amor» y empieza a «sentir vergüenza de ser feliz él solo». Esto le empujará a renunciar a su dicha personal para embarcarse en la aventura de combatir el dolor de todos. Ha nacido en él algo que no sospechaba, uno de los sentimientos más nobles del hombre: la solidaridad.

No creo que haga falta apostillar con comentarios esta historia. Formularé solamente unas preguntas: ¿Hasta qué punto, en un mundo que sufre, tiene alguien «derecho» a dedicarse únicamente a disfrutar de su propia dicha? ¿No tendrá todo humano «obligación» de renunciar a ciertas zonas de su felicidad personal para combatir el mal, el dolor, la injusticia de este «nuestro» mundo? ¿Bastará con decir que «yo» no soy el «culpable» de todo ese mal? ¿Y quién puede asegurar que no es de algún modo colaborador con la injusticia?

Sería hermoso, sí, vivir en un paraíso. Pero en nuestro mundo hay muchas formas de peste. Y todos deberían avergonzarse de ser felices si no están luchando por combatirlas.

# LAS DOS PRIMERAS COMUNIONES DE LOLI

Supongo que a ustedes va a costarles trabajo creerse lo que voy a contar, pero puedo garantizarles que acaba de ocurrir en un suburbio madrileño.

Resulta que Loli llegó el otro día a su colegio llevando dos preciosos álbumes de su primera comunión. Y las monjas vieron, con asombro, que la protagonista de todas las fotografías era la misma niña, pero que todo lo demás, en los dos cuadernos, parecía corresponder a ceremonias diferentes. La niña vestía, en una y otra, dos trajes diferentes; el cura que celebraba no era el mismo, ni era idéntica la iglesia de la primera comunión. Y hasta el banquete posterior se celebraba en dos restaurantes diferentes y con distintos invitados.

«¿Cómo ha sido eso, Loli?», preguntaron las profesoras. «Es que –explicó la niña– como mis papás están separados, celebré primero la primera comunión con mamá, que no quiso invitar a mi padre. Pero a la semana siguiente, como me tocaba pasarla con papá, él dijo que él no iba a ser menos. Y fue y me compró otro traje más bonito y me organizó otra primera comunión».

Yo me pregunto si el cura de esta segunda primera comunión conocería los tejemanejes a los que le sometían; pero me pregunto, sobre todo, qué galimatías interior se habrá formado en el alma de Loli si ha descubierto cómo han jugado con ella sus padres y cómo han convertido una comunión (que si no es unión no es comunión) en un elemento de división y discordia.

Me pregunto también si me gustaría ser niño en este mundo en que vivimos. Y mi conclusión es muy tajante: No. No me gustaría vivir en un mundo en el que mis padres no creyeran en nada y se dedicaran simplemente a vivir. No me gustaría penetrar en una sociedad en la que todos parecen hacer trampas sin que nadie se escandalice de nada. No me entusiasmaría dar mis primeros pasos en una nación en la que –como decían el otro día los obispos– «parecen haberse borrado la fronteras entre el bien y el mal».

# MILAGRO EN UN «PUB»

Un amigo me escribe contándome su extraña, maravillosa nochevieja. En ella no ocurrió nada llamativo, pero todo fue espléndido. Mi amigo está viviendo una etapa de deslumbramiento. De repente parece haberse arrancado la careta de amargura que cubría su alma y está encontrándole nuevos horizontes a la vida. Tal vez por eso, porque está a la caza de una vida mejor, le ocurrió lo que le ocurrió esa noche. No sabía dónde tomar las uvas y, un poco por casualidad, se fue a un «pub». Allí encontró a una pareja de novios desconocida. Amigos de amigos de amigos. Y comenzaron a hablar. No de frivolidades, sino de sus almas, de sus luchas y esperanzas, de sus tristezas y de sus alegrías. Terminaron hablando de Dios. Y la charla se enrolló. Y duró toda la noche. Mientras media España se emborrachaba, ellos hablaron. Hablaron serenamente, de todo, desnudando sus almas, entrando en ese milagro verdadero que es el reposo de la amistad. Y fue una noche relajante, multiplicadora. Entraron cada uno de los tres con un alma y salieron con tres. Porque la verdadera amistad multiplica.

Ahora mi amigo está gozosamente asombrado. Me dice que sospecha que Dios tuvo algo que ver en ese encuentro. Él había ido casualmente a aquel «pub». Y casualmente habían ido sus nuevos amigos. «¿No cree usted —me pregunta— que aquello fue algo más que simple casualidad? Tampoco quiero sacarle un significado sobrenatural a algo que no lo tiene. Simplemente, que fue demasiado bueno para ser casual». Y apostilla mi amigo: «Y es que a Dios se le encuentra hasta en un 'pub' si uno se fía de Él».

A mí tampoco me gusta buscar explicaciones milagrosas a las cosas de la vida. Tal vez porque todo lo que nos ocurre me parece milagroso. Amarse es milagroso. La amistad lo es. El que tres muchachos en la nochevieja no caigan en la barata-falsa alegría que parece la etiqueta obligada de esa noche y se dediquen al maravilloso deporte de hablar como verdaderos hombres, también eso me parece un milagro. Un milagro bendito.

Y es que tal vez los hombres vivimos demasiado en nuestra superficie. Y en la nochevieja elevamos a dogma esa superficialidad, reímos, bebemos, nos alegramos porque así está mandado, pero nunca somos más falsos que en esas alegrías.

Y, sin embargo, debajo de esa piel de superficialidad todos los hombres tenemos un alma. Un alma ardiente de necesidad de amistad. Y la tenemos a la pobrecita olvidada dentro de nosotros, anestesiada, dormida. Nos da vergüenza sacar a la calle su necesidad de amor. Y parecemos frívolos, nos disfrazamos de frívolos por un tonto pudor de decir lo que por dentro tanto necesitamos.

Por eso me alegra tanto el que unos jóvenes charlasen esa noche. No para decir bobadas, no para contarse chistes, no para matar esa noche como un símbolo de la vida que se nos escapa. Sino que hablasen con las almas desnudas. Forzosamente allí tenía que estar Dios. Porque Él está siempre donde unos hombres son verdaderos hombres. No donde las marionetas que nos fingimos sustituyen a nuestras verdaderas almas. Fue un milagro, sí. Uno de esos milagros que habría en nuestras vidas si tuviéramos los ojos abiertos.

## 87
# LA DAMA QUE QUERÍA PADECIMIENTOS

San Felipe Neri, que es uno de los santos más divertidos del calendario cristiano, tenía en abundancia una de las virtudes menos frecuentes: toneladas de sentido común. Y por eso le gustaba ironizar sobre todas esas virtudes de cartón piedra de los que no pisan tierra. Y muy concretamente de las de los que yo llamaría los santurrones insoportables.

Se cuenta en su vida que un día acudió a consultarle una dama romana que soñaba ser una auténtica mártir: «Padre –le decía– yo quisiera sufrir tanto como Jesús. Incluso más que Jesús para consolarle en su pasión». Felipe Neri trató de explicar a la señora que incluso en los deseos de santidad uno debería ser sensato y moderado y, como no quedó muy seguro de haberla convencido, encargó a un grupo de chiquillos de su oratorio que mortificasen a la señora en cuestión. Que no le hicieran nada grave, pero que la persiguieran con sus ironías, que le hicieran pequeñas bromas, que se burlaran un poco de ella. Y no pasaron muchos días cuando san Felipe Neri se encontró a la señora persiguiendo a palos a los pequeños bromistas. Porque se trataba de una señora muy santa en sus sueños, pero muy poco paciente y comprensiva en la realidad.

Me temo que en la vida real existen muchos de estos «santos» de pacotilla. Están dispuestos a entregarle todo a Dios, pero no soportan a sus vecinos. Serían capaces de subir a la cruz, pero no entienden que los que les rodean sean diferentes a ellos.

A mí me parece que la bondad y la santidad tienen que empezar por casa. Y no creo que pueda ser un buen cristiano –y ni siquiera una buena persona– el que no empieza por hacer bien lo que tiene que hacer. Y así es como me hacen sonreír esos muchachos que quieren cambiar el mundo, pero luego no estudian. O esas buenas señoras que se pasan la vida comentando lo violento que es el mundo, pero luego no saben difundir alegría. Y no entiendo a esos padres rectísimos en la educación de sus hijos y que luego mienten a todas horas o saben el arte de esquivar el trabajo. O los que sueñan grandes martirios y no aceptan el martirio de soportar las chocheces de su abuelo.

La primera de las virtudes es saber convivir. Un hombre bueno o un santo son como el fuego: se definen por la luz o el calor que difunden. Un buen fuego es aquello a lo que la gente se acerca en invierno, algo junto a lo que se está bien. La bondad no es una cosa sentimental que calienta mi propio corazoncito, sino el calor que yo irradio hacia los que me rodean. Y si la gente no se siente bien a mi lado es que mi corazón está seco o muerto. Y de poco sirve que dentro yo alimente sueños fervorosísimos.

# 88
# EL CASTIGO DE VER

Leo en los periódicos que un juez de Santa Mónica, en Estados Unidos, se ha inventado una pena que, probablemente, no es muy jurídica, pero que es un ejemplo de lo que deben ser los castigos humanos. En el juicio a una muchacha, Lis Kielsko, acusada de conducir alocadamente, no la ha castigado con una multa o unas semanas de cárcel, sino que la ha condenado a pasarse un día entero en la sección de urgencias de una clínica de la Cruz Roja, para que viera con sus ojos lo que son realmente los accidentes. El periódico que publica la noticia dice que la muchacha, al concluir su «castigo» ha comentado: «Es horrible. Prometo no volver jamás a conducir a tanta velocidad». Y es que el juez había acertado al elegir el castigo y al imponerle «la pena de ver».

Yo creo que realmente cuando los hombres hacen lo que hacen, en realidad no saben lo que hacen. No ven ni un solo metro más allá de sus propias narices. Viven encerrados en sus propios intereses, arropados en la comodidad, ignorando todo dolor que no pase por su propia piel.

Al principio, tal vez de jóvenes, ven los dolores del mundo. Pero para eso estamos los demás: para convencerles de que cada uno debe lamerse su propia herida, para explicarles que sólo serán felices si se dedican a cultivar su propio corazoncito y «el que venga detrás que arree». Así, los hombres vamos cortando, uno a uno, todos los puentes que nos unen a los demás, y terminamos por ser islas estupendas que nada saben y nada ven de lo que ocurre a derecha e izquierda.

Suele decirse que no hay peor ciego que el que no quiere ver. Pero hay otro tipo peor: el de los ciegos que están convencidos de que ven. El de los que se han puesto unas gafas de egoísmo de tal espesor que ya ni se dan cuenta de que las tienen puestas y han llegado a convencerse de que la realidad es tal y como sus ojos ciegos la testimonian.

Lis Kielsko, la muchacha de nuestra historia, sabía muy bien que existían accidentes, sabía que su exceso de velocidad podía causarlos, pero, encerrada en su alma, creía que los accidentes eran «otra cosa», algo que, en todo caso, sólo podía ocurrirles a los demás.

Ahora el juez la ha obligado a «ver», la ha arrancado de su isla egoísta, la ha puesto inevitablemente de cara a la realidad del dolor de sus posibles víctimas. Lis sabe ahora que eso es terrible y le costará mucho olvidarlo porque, afortunadamente, alguien «rompió su isla», la convirtió en península, la obligó a salir de su alma y «ver».

La realidad, amigos, es más ancha que nosotros. El dolor es algo que existe fuera también de nuestra piel. Bendito quien nos descubre que «también los otros» existen. Bendito quien nos ayude a destruir esa coraza de egoísmo que tan minuciosamente nos hemos construido y que nos vuelve ciegos e insensibles ante el mal que hacemos o el bien que olvidamos. Aunque al arrancarnos esa falsa careta nos haga daño imponiéndonos el castigo de ver.

# UN ESTALLIDO DE FELICIDAD

Esta mañana, a las ocho y cuarto, murió María Teresa. Llevaba años con un cáncer que se ensañó con su cuerpo, especialmente en los últimos tres meses. Quienes la conocieron más joven –tan joven como realmente era– dicen que la muerta no era la misma persona: la enfermedad había convertido su carne en la de una viejecita. Pero lo que a todos ha impresionado es su rostro. La paz, la luz que emana.

Y una de sus compañeras –María Teresa era religiosa– me cuenta que pasó la noche entera en coma, sin sentido. Y que exactamente a las ocho de la mañana tomó un momento su conciencia, se iluminó su rostro, sonrió con una sonrisa larguísima de felicidad e inmediatamente murió.

¿Qué vio María Teresa en ese momento?, me preguntan. ¿Qué fue lo que fabricó en ella esa indescriptible mirada de gozo? ¿Con qué se encontró? ¿Con quién? ¿Qué fue lo que hizo que muriese con ojos de enamorada, de mujer que se casa? ¿Por qué tras tantos años de dolor no se había empañado su sonrisa y por qué tras una vida difícil lo único que al final salió a flote en su rostro fue esa radiante felicidad?

Daría oro por saber contestar a estas preguntas. Pero al final me queda la respuesta de que esa sonrisa fue como el resumen de su vida, porque quien ha amado mucho descubre un día que todo el dolor del mundo es infinitamente menos importante que su amor. Ayer lloraban ante su cuerpo hombres de pelo en pecho, los padres de las que fueron sus alumnas. Y lloraba, aunque muy poco, tres lágrimas, con una asombrosa entereza, su anciana madre.

Pero todos salían de ver su cadáver poseídos de una milagrosa alegría. Ante su rostro de muerta feliz, ¿quién podía entristecerse? María Teresa era ayer un alegato contra la muerte y más contra la amargura. Durante meses los médicos no sabían ya qué calmantes aplicarle, estaba destruida por las radiaciones, pero su alma seguía estando entera. Y todo se resumía en aquel estallido de felicidad que se produjo a las ocho y cuarto de la mañana.

¡Qué envidia morir con ese rostro! Pero yo sé que una sonrisa final como esa hay que ganársela a pulso, con un alma muy limpia, con muchas ganas de vivir, con la certeza de que vivir y morir son parte de un mismo y único gozo.

# 90
# EL APLAUSO DE LAS RAÍCES

Una tarde cualquiera, una tarde de sábado, por ejemplo, porque tienes que acompañar a unos familiares, o simplemente porque te apetece, te acercas a un teatro para ver esa antología de la zarzuela, que Tamayo presenta con su conocido pulso y habilidad. Y te sientes sumergido en la ola de espectadores que abarrotan la sala. Y a ti, como a ellos, comienzan a funcionaros los recuerdos y cada número os trae trozos de infancia, de cuando, por ejemplo, tu padre cantaba la romanza del sembrador con tu madre al piano o de cuando, de niño, viste por primera vez *La verbena de la Paloma* o *La rosa del azafrán*. Y tú, como el resto del público, te sientes a gusto y sigues con un hondo silencio cada número y, como todos los demás, estallas en aplausos cuando cada uno concluye. Y el espectáculo avanza sin cansarte, porque, en el fondo, la zarzuela tal vez no te eleva mucho artísticamente, pero pone en funcionamiento durante unas horas tu corazón. Y estás ya casi llegando al final cuando tienes la sensación –no sabes por qué– de que algo va a ocurrir. Es que están cantando *Gigantes y cabezudos* y el coro entona aquello de los soldaditos repatriados que se emocionan al ver «aquí la Seo, allí el Pilar» y tú, entre las sombras, intuyes algo que no sabes qué es, algo que no descubres hasta que, de repente, se ilumina, y de la penumbra surge, como un rayo de luz, esa imagen de plata de la Virgen del Pilar y sucede, sí sucede entonces, que el público rompe el respetuoso silencio con que ha oído otros números hasta su final, y estalla en un aplauso que se derrumba sobre el escenario como una catarata.

Es un aplauso que no ha preparado nadie. Que no surge como fruto de la provocación de un clac. Un aplauso que no nace aquí o allá, sino de todos los puntos a la vez, desde todos los rincones de la sala, espontáneo, fresco, como la respiración de todos los reunidos.

Es un aplauso que a mí me conmueve casi hasta las lágrimas, porque entiendo que ahí lo que se aplaude no es la habilidad del efecto plástico buscado por el director; ni es un aplauso de retórico compromiso o de simple cortesía. No, no, es un aplauso ardiente, un aplauso que desnuda el alma de los que lo producen. Es –al fin lo entiendo– el «aplauso de las raíces», un aplauso que le sale al público de las entrañas, casi sin premeditación. Porque este público no es una concentración de beatas, sino de gente normal. De gentes la mitad de las cuales tal vez mañana no vayan a misa, y que, a lo mejor votan a un gobierno que un día se cargará la fiesta de la Virgen del Pilar, pero que –con todas las inconsecuencias que se quiera– lleva a la Virgen en la entraña, en las raíces y ese amor le sale convertido en aplauso espontáneo e inevitable.

Por eso tengo yo los ojos húmedos y me siento muy a gusto con toda esta gente que, según los teóricos oficiales, ya no sería católica, pero a la que, ante una aparición de la Virgen, le surge un aplauso en las manos lo mismo que salta la sangre de una cortadura.

# EL NIÑO QUE QUERÍA SER UN TELEVISOR

La profesora ha puesto a sus niños un ejercicio en el que les pide que expliquen qué animal o qué cosa les gustaría ser y por qué. Un chavalito de ocho años ha respondido que a él le gustaría ser un televisor. ¿Por qué? «Porque así sus padres le mirarían más, le cuidarían mejor, le escucharían con mayor atención, mandarían que los demás se callasen cuando él estuviera hablando y no le enviarían a la cama a medio juego, lo mismo que ellos nunca se acuestan a media película».

No era precisamente tonto el pequeño. Como no lo son nunca los niños, aun cuando los mayores hagamos tantos esfuerzos por creérnoslo. Pensamos: «Es demasiado chiquito para entender. No, no se entera de nada». Pero la verdad es que nada hay, más agudo, más cruel que los ojos de un niño. Yo preferiría cualquier juez a esos ojos inquisidores.

Hace años que conocieron los celos hacia ese hijo espúreo que se ha convertido en el centro del salón de la casa. Ese hijo mimado que es el televisor y a cuyos caprichos se inclinan diariamente sus padres. En torno a él organizan sus vidas. Cambian sus horarios de entradas y salidas para seguir sus emisiones. Y cuando este «hijo» está en marcha, todos los demás pasan a segundo plano y se diría que no hay sacrilegio mayor que el que alguno de los chavales se permita interrumpirle.

¡Y qué drama en la casa cuando el hijo-televisor se pone malo! ¿Cómo podría vivirse con él un solo día apagado? Se llama precipitadamente al «médico», casi tan precipitadamente como cuando el ataque de apéndice de uno de los críos. A lo mejor es cierto que se le «quiere» menos. También es verdad que éste es un «hijo» fácilmente recambiable. Pero, en todo caso, la realidad es que ya no se sabe vivir sin él.

Se le usa también como morfina: cuando los papás quieren estar un rato a gusto con los amigos, la solución es conectar a los niños con el televisor para que los mantenga bien atontaditos viendo dibujos animados. ¡Y qué maravilloso silencio reina en la casa cuando los críos están bien amordazaditos viendo a Tom y Jerry! ¿Qué haría nuestra pobre civilización sin ese cacharro liberador?

Yo supongo que alguien se escandalizará si le digo que una de las razones por las que me alegro de haber pasado de los cincuenta años es por haber vivido mi infancia cuando este «hijo artificial» no estaba aún inventado. Lo que más me gusta de mi infancia es que en ella no teníamos más televisor que los libros para leer, la imaginación para soñar y el cariño de mis padres y hermanos para conversar. Tres programas, desde luego, mucho más sabrosos que todos los telefilmes.

Ser niño ahora me parece, en cambio, terriblemente empequeñecedor, con todo masticado, con la imaginación poblada de monstruitos (porque ya no sabe otra cosa que inventar o soñar) y con unos padres a quienes lo que más les molesta de sus hijos es que hablen y pregunten, invadiendo –¡qué horror!– sus horas santas de televisión. Entiendo, claro, que los chiquillos tengan envidia del cacharro.

## 92
# LAS DOS PROFESORAS

El otro día un grupo de muchachas –trece, catorce años– hablaba de sus profesoras y comentaban que había una que siempre les decía en clase lo que ellas esperaban oír, que se esforzaba por darles gusto en todo y esquivaba los temas que se les hacían cuesta arriba. Otra, en cambio, hablaba en clase de lo que creía importante, les gustase o no a las alumnas, y yo pregunté entonces: «¿Y vosotras, a cuál de las dos preferís?». Se quedaron pensativas, y me dijeron: «Para pasar el rato, a la primera. Para aprender, a la segunda».

Pienso ahora qué bueno sería que los mayores supiéramos siempre lo que piensan de nosotros los jóvenes que nos rodean. Porque con frecuencia creemos que estos muchachos son tontos y que lo que hay que hacer para ser queridos y admirados por ellos es engatusarles, acariciarles más que exigirles. Pero resulta que no es así, que ellos saben perfectamente lo que quieren y «usan» a los aduladores para pasarlo bien, pero buscan a los exigentes cuando quieren vivir.

Y como con los jóvenes ocurre en la vida entera. Hay personas que torean mirando a los tendidos, lo mismo que las hay que torean mirando a la presidencia, o mirando al toro que están toreando. Los que torean mirando al tendido son los que constantemente buscan el aplauso del público (o de «su» público, de sus amiguetes). Estos son gentes que no tienen más idea que la de agradar. No son avanzados o progresistas porque lo sean, lo son porque «ahora se lleva». Mañana, si se llevase otra cosa, pensarían de distinta manera. Son gente que se muere por ser o por caer simpática. Y no excluyen el cometer todo tipo de indignidades sólo porque la gente diga qué valientes, qué lanzados, qué modernos son. Su toreo, claro, es de pésima calidad. Terminan siempre haciendo el salto de la rana en sus vidas, y como la gente no es tonta y descubre pronto a los bufones, les aplaude para reírse mejor de ellos.

Están también los que torean mirando a la presidencia, los que no tienen más idea que escalar las alturas, y para ello lo que quieren es estar a bien con los que mandan, sean los que sean. Saben que, a fin de cuentas, quienes conceden las orejas y los ascensos son los jefes, y lo que buscan es darles gusto a los presidentes. Naturalmente, también su toreo y sus vidas están vacíos, y antes o después se les ve la oreja. A lo mejor son premiados, porque la coba siempre gusta a los poderosos, pero una vez con el éxito en las manos, se dan cuenta de que están vacíos.

Están finalmente los que hacen lo que creen que deben hacer, se preocupan por torear bien su realidad y no por lo que la gente piense de ellos. Confían en sí mismos. Confían, sobre todo, en el trabajo bien hecho. Saben que lo que vale, vale; y no se angustian por las críticas, ni mendigan los elogios. Están siempre insatisfechos, no porque esperen premios que tardan o no llegan, sino porque saben que la belleza está siempre un poco más allá de nuestras manos. Viven gozosa y exigentemente tensos hacia esa obra bien hecha. El éxito llegará si quiere llegar. Y será lo mismo si no llega. Saben que un buen toreo trae normalmente un buen premio y que una vida llena produce por sí misma abundantes frutos. Y triunfadores o no, salen de la corrida de la vida satisfechos de sí mismos y reconocidos al menos por los mejores.

Buscar el aplauso puede ser lo mejor para conseguir aplausos, pero éstos son viento que se lleva el viento. Buscar una vida llena es menos fácil, pero infinitamente más entusiastamente.

## 93
# GENTE RESUCITADA

En uno de los libros de Bessière hay una muchacha que le dice a su abuela: «Tendrías que ir a Yugoslavia. Hay allí un médico especialista en gente mayor que consigue resultados increíbles. Tienes que ir, abuela, volverás como resucitada». A lo que la anciana contesta: «¿Quieres que vaya a Yugoslavia para que vuelva resucitada? ¡Pero si ya lo estoy!».

Efectivamente, en el mundo hay mucha gente resucitada sin necesidad de acudir a médicos, sin esperar a la muerte. Yo conozco mucha de esta gente: jóvenes que se dedican a atender a minusválidos; ancianos que tienen el coraje de vivir como los jóvenes que fueron; matrimonios que son felices gracias a que tienen un hijo subnormal; esa ciega que se dedica a dar alegría en un pabellón de cancerosos; misioneros que han entregado sus vidas al tercer mundo y se enfadan si les consideras héroes; muchachas que este verano dedican sus vacaciones a atender una residencia de ancianos; ese pianista ciego que ha convertido su ceguera en un plus de belleza musical; viejos sacerdotes que, bien ganada ya la jubilación, prefieren seguir sirviendo en pueblecitos que nadie quiere; familias numerosas que sonríen cuando la gente habla de que lo bueno es la parejita; gente, mucha gente resucitada.

Y es que nos hemos acostumbrado a pensar que la resurrección es sólo una cosa que nos espera al otro lado de la muerte. Y nadie piensa que la resurrección es simplemente entrar en «más» vida.

Que la resurrección es algo que Dios da a todo el que la pide, siempre que, después de pedirla, sigan luchando por resucitar cada día.

La resurrección es, realmente, como dice Bessière, «un fuego que corre por la sangre de nuestra humanidad. Un fuego que nada ni nadie puede apagar». Nada ni nadie –claro– salvo nuestra propia mediocridad y aburrimiento.

Los resucitados son los que tienen un «plus» de vida, un «plus» que les sale por los ojos brillantes y que se convierte enseguida en algo contagioso, algo que demuestra que todo hombre sobrepasa al hombre que es y que prueba que la vida es más fuerte que la muerte.

Y usted, amigo lector, también es o puede ser una persona resucitada. La muerte, ya lo sé, nos va cortando ramas todas las noches, mutila ilusiones, poda deseos. Pero, como la vida es más fuerte, también usted puede reverdecer cada mañana esas ilusiones y esperanzas que le fueron podadas por la noche. ¿Cómo hacerlo? Sencillo. Levántese, levántese convencido de que lo hace para vivir y no para vegetar; mírese después en el espejo, sonría, descubra que cuando sonríe se vuelve más hermoso, más hermosa; y ahora pregúntese en qué y en quién va a invertir esa sonrisa y ese día que acaban de regalarle. Recuerde que cuando Jesús resucitó no lo hizo para lucir su cuerpo, sino para ayudar a los suyos, que las estaban pasando canutas, atrapados por el miedo a la muerte. Dedíquese, pues, a repartir resurrección. Y se encontrará que todos se sienten mejor después de hablar con usted. Y verá cómo para resucitar, para rejuvenecer, no hace falta ir a ningún médico yugoslavo. Basta con chapuzarse en el río de sus propias esperanzas para salir de él chorreando amor a los demás. Entonces habrá ingresado usted en la cofradía de los resucitados.

## «GRACIAS, MUCHAS GRACIAS»

Se ha publicado recientemente en Italia un libro en el que se recogen las últimas palabras dichas en este mundo por una serie de personalidades, palabras vulgares en muchos casos, pero en no pocos perfectamente definitorias de lo que había sido la vida de su autor. Así, frente a la salida de pata de banco de un Humphrey Bogart, que antes de expirar comentó: «Nunca debí de haber pasado del 'whisky' al martini»; o frente al realismo macabro de un Paul Claudel, que murió diciéndole a su médico: «Doctor, ¿cree que ha podido ser por las salchichas?»; o el cínico final de Picasso, que expiró diciendo: «Bebed a mi salud»; otros personajes murieron con gritos que han pasado a la historia.

Así nunca se olvidará el final de Goethe: «Luz, más luz». O el último grito de san Ignacio: «¡Dios mío!». O aquellas palabras últimas y proféticas de Kennedy: «Si intentan matarme, lo conseguirán».

Pero a mí me han impresionado muy especialmente las tres últimas palabras que dijo Pablo VI en su agonía y que son las que he puesto como título de este artículo: «Gracias, muchas gracias». Y no sé qué es lo que, en concreto, agradecía el papa Montini en aquella hora, pero sí sé que en esa frase se resumía uno de los grandes planteamientos de su vida. Porque el papa Pablo VI era uno de los humanos que mejor entendía la vida como don, como regalo. Y, consiguientemente, como era un hombre profundamente educado, entendía también la vida como agradecimiento.

Conozco el dolor, en los otros y en mi propia carne. Pero creo que a pesar de todas las angustias y de todas las oscuridades, más allá de todos los dolores y contradicciones, hay en la vida tales torrentes de gozo para saborear que me siento constantemente obsequiado y mimado. Ahora mismo, cuando escribo estas líneas, suena en mi tocadiscos el «Réquiem Germano» de Brahms. ¿Y cómo no ver en este canto apasionado toda la pasión de ser y sentirse hombre?

Hay una frase que me he repetido miles de veces y que creo que resume a la maravilla lo que estoy diciendo. La encontré en unos apuntes espirituales de santa Rafaela del Sagrado Corazón, la fundadora de las Esclavas, una santa que tal vez conoció como ninguna otra el cáliz del dolor. Pues bien, en ese escrito confiesa que «sentía una gratitud tal hacia Dios por la dignidad que había concedido al hombre que se me arrancaba el alma».

Yo siento ese mismo desgarramiento: ser hombre (es decir, poder amar, poder ser amado, tener la oportunidad de disfrutar las bellezas del mundo) me parece algo tan fantástico que uno tendría que estar siempre llorando lágrimas de alegría. Y si además, y para colmo, uno sabe –y en este sentido lo decía santa Rafaela– que ha sido elevado a la dignidad de hijo de Dios y que, por tanto, es querido por Él como sólo un Padre así sabe querer, ¿cómo no descubrir que la marea del gozo te sube por las venas y te descoyunta el alma de alegría?

## 95
# VALLE DE LÁGRIMAS

Confieso que nunca me ha gustado ni mucho ni poco esa idea de que para los cristianos el mundo es sólo o principalmente un «valle de lágrimas». Esa frase, que se coló en la Salve, siempre me ha costado un verdadero esfuerzo rezarla o cantarla, y creo que sólo puede entenderse metafóricamente y como expresión de un cristianismo medieval que no refleja toda la luz que encierra el Evangelio.

Que el mundo tiene algo y aun bastante de valle de lágrimas no hay quien lo dude. Llorando entramos al mundo y rodeados de lágrimas salimos de él. En medio, aun en los más felices, han quedado muchos dolores y llantos. Pero aun siendo eso verdad, también lo es que entrelazados con estos dolores van siempre miles de alegrías y que si uno disfruta a fondo esas alegrías y vive también los dolores desde la esperanza, tendría todo el derecho a decir también que el mundo es un valle de gozo.

Yo me temo que quienes toman muy en serio esa frase y ven la vida exclusivamente como un valle de lágrimas son, más que cristianos, maniqueos. Porque maniquea es esa distinción según la cual todo sería amargura en este mundo y el creyente tendría que pasarse la vida soñando en la felicidad que vendrá después, al otro lado, tras la muerte. Esa tierra negra preparatoria de un cielo blanco compensatorio es más una herejía que una visión de fe.

Pero ¡cuánto daño ha hecho esa distinción falsa! Tanto despreciar este mundo del «más acá», tanto confundir la esperanza como una siempre añoranza del «más allá feliz», ha hecho que el mundo moderno reivindicase las alegrías de este mundo y perdiera de vista la realidad del más allá. Un cristiano triste, que deja el gozo para el otro lado, lo que provoca es el «qué largo me lo fiáis» del Tenorio.

Pero Cristo nunca pintó el mundo como «un mal sitio» por el que no hay más remedio que cruzar. Dijo, como es evidente, que la gran felicidad completa está al otro lado, pero nunca negó que aquí estuvieran ya las raíces, y bien hermosas, de esa felicidad del otro lado. Sabemos los cristianos que este mundo es caduco, transitorio, pero no por eso lo amamos menos. Y no sólo porque aquí ganamos el otro mundo, sino porque aún en éste hay muchos rastros gozosos de las manos creadoras de Dios.

Y la esperanza no es para nosotros una «nostalgia romántica del cielo». Es, al contrario, la cadena de escalones por la que caminamos hacia la eternidad. No nos detenemos en la escalera, pero ¿por qué no reconocer mientras la cruzamos que nos parece hermosa? Así la esperanza no es para nosotros una fuga, una «morfina» para que nos duelan menos los dolores del mundo, sino una fuerza viva que despliega en el hombre energías insospechadas.

Conseguir un buen ensamblaje entre el «más acá» y el «más allá», saber unir «el gozo de vivir aquí» con «la esperanza del gran gozo» son las más difíciles asignaturas que tenemos los cristianos de nuestro tiempo. Saber no despreciar el mundo y no apegarnos ingenuamente a él no es menos difícil. El mundo es ciertamente provisional, pasajero, doloroso, pero yo no pienso amarle menos por eso. Y allá en el fondo siento aquello que pudorosamente decía Bernanos en la carta a un amigo: «Cuando yo me haya muerto, decidle al dulce reino de la tierra que le amé mucho más de lo que nunca me atreví a decir».

## SÓLO SEMILLAS

Cuentan que un joven paseaba una vez por una ciudad desconocida, cuando, de pronto, se encontró con un comercio sobre cuya marquesina se leía un extraño rótulo: «La Felicidad». Al entrar descubrió que, tras los mostradores, quienes despachaban eran ángeles. Y, medio asustado, se acercó a uno de ellos y le preguntó: «Por favor, ¿qué venden aquí ustedes?». «¿Aquí? –respondió el ángel–. Aquí vendemos absolutamente de todo». «¡Ah! –dijo asombrado el joven–. Sírvanme entonces el fin de todas las guerras del mundo; muchas toneladas de amor entre los hombres; un gran bidón de compresión entre las familias; más tiempo de los padres para jugar con sus hijos...». Y así prosiguió hasta que el ángel, muy respetuoso, le cortó la palabra y le dijo: «Perdone usted, señor. Creo que no me he explicado bien. Aquí no vendemos frutos, sino semillas».

En los mercados de Dios (y en los del alma) siempre es así. Nunca te venden amor ya fabricado; te ofrecen una semillita que tú debes plantar en tu corazón; que tienes luego que regar y cultivar mimosamente; que has de preservar de las heladas y defender de los fríos, y que, al fin, tarde, muy tarde, quién sabe en qué primavera, acabará floreciéndote e iluminándote el alma.

Y con la paz ocurre lo mismo. Hay quienes gustarían de acudir a un comercio, pagar unas cuantas pesetas o unos cuantos millones y llevarse ya bien empaquetaditos unos kilos de paz para su casa o para el mundo.

Claro que a la gente este negocio no le gusta nada. Sería mucho más cómodo y sencillo que te lo dieran ya todo hecho y empaquetado. Que uno sólo tuviera que arrodillarse ante Dios y decirle: «Quiero paz» y la paz viniera volando como una paloma. Pero resulta que Dios tiene más corazón que manos.

Bueno, voy a explicarme, no vayan ustedes a entender esta última frase como una herejía. Sucedió en la última guerra mundial: en una gran ciudad alemana, los bombardeos destruyeron la más hermosa de sus iglesias, la catedral. Y una de las «víctimas» fue el Cristo que presidía el altar mayor, que quedó literalmente destrozado. Al concluir la guerra, los habitantes de aquella ciudad reconstruyeron con paciencia de mosaicistas su Cristo bombadeado y, pegando trozo a trozo, llegaron a formarlo de nuevo en todo su cuerpo menos en los brazos. De éstos no había quedado ni rastro. ¿Y qué hacer? ¿Fabricarle unos nuevos? ¿Guardarlo para siempre, mutilado como estaba en una sacristía? Decidieron devolverlo al altar mayor, tal y como había quedado, pero en el lugar de los brazos perdidos escribieron un gran letrero que decía: «Desde ahora, Dios no tiene más brazos que los nuestros». Y allí está, invitando a colaborar con Él, ese Cristo de los brazos inexistentes.

Bueno, en realidad, siempre ha sido así. Desde el día de la creación Dios no tiene más brazos que los nuestros. Nos los dio precisamente para suplir los suyos, para que fuéramos nosotros quienes multiplicáramos su creación con las semillas que Él había sembrado.

## 97
# LAS RUEDAS DEL ALMA

Desde hace varios días me persigue una frase de Martin Luther King. Aquella en la que dice que los hombres «hemos aprendido a volar como los pájaros y a nadar como los peces, pero no hemos aprendido el sencillo arte de vivir juntos como hermanos».

Me parece, a la vez, evidente y terrible. En el último siglo hemos asistido a una verdadera «aceleración de la historia», a un avance insoñable en todo lo material. Mi padre solía decirme que él «había asistido a todos los inventos del mundo». Y es cierto: cualquier persona que haya vivido cerca de un siglo ha conocido desde el descubrimiento del automóvil hasta los viajes a la luna y, en medio, todos los grandes inventos de que hoy disfruta el mundo. Y es que se tardaron cincuenta y cinco siglos para pasar del descubrimiento de la primera rueda de alfarero y de la rueda de la carreta hasta las ruedas de un automóvil, pero, en cambio, ha bastado un solo siglo para pasar de los primeros coches a los viajes interplanetarios. El progreso, al menos el material, se ha desencadenado.

Pero ¿han caminado al mismo ritmo las ruedas del alma? ¿Ha mejorado tan rápidamente el espíritu de los hombres? Me parece que éstas son las grandes preguntas que debemos hacernos para medir el grado de nuestra civilización: ¿Son mejores los hombres de hoy que los del siglo XVI? ¿Son más felices quienes hoy pueblan la tierra que los que lo hicieron en el siglo XIII? ¿O, en lo que se refiere al alma, seguimos caminando con ruedas de carreta?

Son cuestiones en las que es difícil generalizar. No cabe duda de que, al menos en Occidente, hay campos en los que se ha progresado en la «calidad» de vida; los niveles sanitarios son mejores; hay un mayor porcentaje de personas que han podido estudiar; somos más libres, al menos en lo que se refiere al estilo de vida o al poder viajar; trabajamos un menor número de horas; hay un cierto mayor equilibrio de las clases sociales con aumento de la media; vestimos y comemos, en conjunto, mejor; las posibilidades de llenar nuestro ocio son más amplias y variadas... Pero, ¿somos por ello mejores? ¿Somos con ello más felices?

Pocas cosas hay en este mundo más ambiguas que el progreso. Y no le faltaba razón a Ariel al definirlo como el fenómeno de que «mil cosas avancen y sólo retrocedan novecientas noventa y nueve». Y es que el progreso es como una de esas escopetas en las que el culatazo es casi tan fuerte como el disparo. Hoy medimos muy bien qué fuertes han sido los «culatazos» de nuestra civilización: la industrialización fue un avance evidente, pero nos ha traído la destrucción de los bosques, la contaminación del aire y de los ríos, la puesta, incluso, en peligro de la capa de ozono que protege el planeta; el descubrimiento del automóvil nos dio mayor movilidad, pero hizo también imposibles de vivir nuestras ciudades; la división del átomo consiguió avances espectaculares en la ciencia, pero nos trajo el riesgo atómico y nuclear; la misma televisión nos metió el mundo en casa, pero multiplicó la intoxicación política de los ciudadanos e hizo descender las virtualidades de la lectura. Con lo que todo paso adelante es ambivalente, ambiguo.

Pero lo dramático es cuando se avanza en todo menos en lo esencial. Porque –vuelvo a la frase de Luther King– ¿qué ganaríamos con aprender a volar como pájaros y a nadar como peces, si no supiéramos convivir, si no aprendiéramos a querernos?

Me parece que deberíamos ser honestos y confesar sinceramente que el mundo del siglo XX no parece mucho más fraterno que el XIII o el XVI. Hemos ganado, sí, en un cierto estilo de «respeto» público; hay unas ciertas apariencias de convivencia; se tolera algo, menos mal, al discrepante; hoy no se lleva tan fácilmente a nadie a la hoguera por sus ideas y el mundo se rasga sus vestiduras cuando alguien lo intenta; pero no parece que se pueda asegurar que han descendido los niveles de egoísmo o que haya crecido la fraternidad. Los pobres siguen en su pobreza sin que la mayoría nos preocupemos, y hoy sabemos muy bien cuántos son los millones que se mueren a diario de hambre, sin que el saberlo mejor estropee nuestras digestiones.

Y, a fin de cuentas, ése es el único progreso que cuenta o debería contar. Nosotros mismos, cada uno de nosotros, ¿puede asegurar que hoy es mejor persona que hace diez años, que está más abierto al prójimo, que ama más y barre menos para su casa? Huxley tenía toda la razón del mundo al asegurar que «sólo hay un rincón del universo donde uno puede estar seguro de progresar, y ese rincón es uno mismo». Y ¿quién de nosotros podrá jurar que ese rincón suyo ha progresado, que ha crecido tanto en su alma como en su dinero, que mejoró tanto su corazón como la calidad de su casa o de su coche, que hoy se siente más hermano entre hermanos? Si esto no es así, seguiremos contando con almas de la edad de piedra; continuaremos siendo una raza de cangrejos que —como decía Eliot— «avanzan orgullosos hacia atrás».

# PERDÓN Y OLVIDO

De Mello cuenta la historia de un cura que estaba harto de una beata que todos los días venía a contarle las revelaciones que Dios personalmente le hacía. Semana tras semana, la buena señora entraba en comunicación directa con el cielo y recibía mensaje tras mensaje. Y el cura, queriendo desenmascarar de una vez lo que de superchería había en tales comunicaciones, dijo a la mujer: «Mira, la próxima vez que veas a Dios dile que, para que yo me convenza de que es Él quien te habla, te diga cuáles son mis pecados, esos que sólo yo conozco». Con esto, pensó el cura, la mujer se callará para siempre. Pero a los pocos días regresó la beata. «¿Hablaste con Dios?». «Sí». «¿Y te dijo mis pecados?». «Me dijo que no me los podía decir porque los ha olvidado». Con lo que el cura no supo si las apariciones aquellas eran verdaderas. Pero supo que la teología de aquella mujer era buena y profunda: porque la verdad es que Dios no sólo perdona los pecados de los hombres sino que, una vez perdonados, los olvida. Es decir: los perdona del todo.

Como el lector comprenderá, con esta historieta estoy tratando de salir al paso de esa viejísima frase del «perdono, pero no olvido» que con tanta frecuencia hasta se pone como modelo de perdón y virtud, cuando muchas veces es una forma más refinada de resentimiento y venganza. Pero me parece que en este campo hay que hacer dos o tres distinciones.

Perdonar es una de las más nobles funciones de la naturaleza humana. Pero cuando digo noble no digo que sea extraordinaria y no lo normal. En un hombre, lo normal, lo que sale de un alma limpia, es el perdón. La venganza sólo puede salir de lo que tenemos de bruto.

Claro que, a veces, perdonar es difícil. Y especialmente cuesta arriba resulta perdonarnos a nosotros mismos. Hay demasiada gente que vive amargada contra sí misma, que no se perdona sus propios errores y fracasos y que convierte este resentimiento en agresividad hacia los demás. Pero la verdad es que pasarse la vida dándole vueltas a nuestros propios errores es señal de un refinadísimo orgullo. Quien, en cambio, se acepta serenamente a sí mismo, quien a la vez sabe exigirse y sonreír ante su propio espejo, ya está bien preparado para perdonar a los demás.

Porque, a fin de cuentas, perdonar es siempre la consecuencia lógica de comprender. Graham Greene suele decir que «si conociéramos el último porqué de las cosas, tendríamos compasión hasta de las estrellas». El que hace un esfuerzo por comprender al ofensor casi no necesita perdonarle, porque realmente no llega a ser ofendido. Marañón lo explicó muy bien, con una frase que me gustaría que el lector leyera dos veces: «El que es generoso no suele tener necesidad de perdonar, porque está siempre dispuesto a comprenderlo todo y es inaccesible a la ofensa». Exacto: el generoso es, literalmente, inaccesible a las ofensas. Puede alguien tratar de hacerle daño, pero la ofensa ni llega a él; él «no se siente» ofendido, porque es más rápido en perdonar que el ofensor en ofender.

El generoso, además, olvida el mal. O al menos hace todo lo posible por olvidarlo. Ya sé que hay dolores que no se pueden olvidar. Si a alguien le falta una mano siempre la echará de menos. Pero hay muchos males que nos siguen doliendo años y años no porque sean muy profundos, sino porque nosotros los alimentamos dándoles vueltas en la memoria. Hay quienes parecen disfrutar manteniendo abiertas sus propias heridas. Eso, y no otra cosa, es el resentimiento. Por eso estas personas, cuando algo o alguien les pincha, revientan como un saco lleno de veneno y lanzan afuera dolores o cuestiones que todos han olvidado ya, menos ellos.

Y no hay cosa más triste que esta gente que es esclava de sus viejos rencores. En lugar de dedicarse a vivir, parece que su oficio fuera sólo recordar y recordar sólo lo malo. No se dan cuenta de que con ello se autocondenan a la tristeza. Y sufren doblemente.

Por una serie de razones. La primera porque –la frase es de Gracián– «el mejor remedio contra el mal es olvidarse de él». La segunda porque lo que pasó, pasó, y puede enmendarse, pero no rehacerse. Y la tercera –esta vez es Unamuno quien habla– porque «hay que olvidar para vivir; hay que hacer hueco para lo venidero». Efectivamente: el alma de los hombres es muy pequeña; si la vamos llenando de rencorcitos, la tendremos siempre llena y no podrá surgir de ella ni un acto de amor, e incluso, cuando alguien nos ame, no entrará dentro ese gesto de cariño porque tendremos el alma ya llena de esos rencores.

Y esa es la última razón por la que Dios, además de perdonar, olvida los pecados: porque tiene que dedicarse tanto a amar que no tiene ni tiempo de recordar el mal.

# EL MIEDO A FRACASAR

La semana pasada estuve media tarde jugando con los hijos de un amigo al juego de «pon-el-rabo». Seguro que todos vosotros lo habéis hecho miles de veces en vuestras casas: se dibuja en un papel o en una cartulina la figura de un burro o de un perro sin rabo. Y, luego, en un papel aparte, se dibuja un rabo en cuyo extremo se pone un poquito de goma. Y ya no hace falta más para jugar. Basta con que luego, por turno y a ciegas, se vaya poniendo el rabo donde se cree mejor, después de que los otros contendientes hayan podido cambiar de posición la cartulina. Es fácil imaginarse que el rabo suele aparecer en la boca, en la panza, en las orejas del burro o a medio metro de él. Y eso es todo. Gana el que lo ponga en el sitio más absurdo. Y lo bueno son las carcajadas con las que los jugadores, incluido aquel que lo hace, reciben los disparates de ese rabo volante.

Y una tontería así nos llenó mucho rato. Pero hubo algo que me obligó a pensar. ¡No logramos que Ivón jugase! Ivón tiene ocho años y es un crío extraordinariamente inteligente. El primero en todo. Extraordinariamente simpático normalmente. Pero no logramos que aquella tarde participase en el juego. Estuvo allí todo el rato, mirando, un poco pálido y tembloroso, con los ojos saliéndosele de las órbitas de ganas de jugar. Pero con un miedo, incluso un pánico, que le impedía hacerlo. Por más que le insistimos. No hubo manera. Era el miedo a fracasar. El pánico a hacer el ridículo. Le explicamos que aquello era un juego y que lo bueno era hacerlo mal. Pero él, en su interior, no pensaba que, al reírnos, lo hiciéramos porque el disparate nos hiciera gracia, sino que nos reíamos de la persona que acababa de cometerlo.

¡Y él no se exponía a que nos riéramos de él! Algo más poderoso que sus deseos de participar en el juego le paralizaba a la hora de hacerlo.

Su madre me explicó después que Ivón era así en todo: que era un ganador nato, y que cuando no estaba seguro de triunfar en algo, era incapaz de intentarlo y prefería un suspenso a sólo un notable. O sobresaliente o nada, ése parecía ser el lema de su vida.

La verdad es que en la realidad existen no pocos tipos de este Don Perfecto que es Ivón en pequeñito. Gentes que, sin duda por sus altas capacidades, han nacido triunfando y no pueden ni hacerse a la idea de que la vida pueda venir con la rebaja. Luego, claro, cuando les llega el topetazo, se vienen a los suelos y tal vez ya no se levanten jamás.

Y hay Perfectos y Perfectas de todas las categorías: desde la super-guapa que fracasa en su primera aventura amorosa y acaba maldiciendo a toda la humanidad, hasta el opositor que tira los trastos en el primer suspenso, tras una carrera brillantísima. El otro y la otra, en lugar de entender que el fracaso es parte connatural y sustancial de la vida, se dedican, a partir de él, a maldecir de la injusticia de este mundo.

Pero la realidad es bien distinta. El otro día me decía un amigo que «aquel que habiendo hecho diez proyectos consigue llevar a puerto tres, podría considerarse afortunado». Y es cierto. La vida nunca fue tan competida como hoy y lo normal es que uno reciba más batacazos que aplausos.

Los escritores lo sabemos hoy muy bien: si proyectas diez libros, diez novelas o diez obras de teatro, lo normal es que cinco no lleguen ni a empezarse; que de las que empiezas, dos o tres las deseches tú mismo porque no estás satisfecho del trabajo; que otro par de ellas se escriban, pero nunca lleguen a publicarse o estrenarse, y que esa última que, por fin, ve la luz, aún tenga un 80 por 100 de probabilidades de no venderse prácticamente nada. Yo –y perdón por el autoejemplo– tengo una novela soñada hace veinte años, que la empecé a escribir hace cinco y que abandoné en el folio cien, porque me estaba resultando muy amarga. Volví a tomarla dos años después, y yendo por el folio ciento cincuenta me di cuenta de que estaba saliendo lentísima, que con tantos folios escritos aún no había ni presentado a los personajes, con lo que amenazaba ser más larga que el *Quijote*. Y ahí sigue esperando. Lo más probable es que lo haga por toda la eternidad. Y tuve durante muchos años un gran «block» al que llamaba «el libro de los sueños» y en el que cada página era el esquema de una novela o una pieza teatral, todas con su título y todo. Pero ahora voy teniendo los días tan llenos que, en este momento, por no saber, no sé ni dónde tengo el famoso «block». Y ¿voy a amargarme por los sueños perdidos? ¿Voy a renunciar a mi tarea de mañana porque la de ayer me dejó decepcionado?

Ya sabéis: yo prefiero a Don Posible antes que a Don Perfecto. Y creo que de todos los fracasos, el mayor, sin duda, es no hacer algo por temor a fracasar.

## 100

## VIDA «LIGHT»

Un buen amigo mío ha publicado un libro sobre temas religiosos y me duele confesar que nunca vi una obra con mejores intenciones y, a la vez, con mayor desacierto. Mi amigo es un buen cristiano a quien siempre le ha gustado –y hace muy bien, porque ésa es su vocación– vivir en la frontera y dedicarse –y sigue haciendo muy bien– a acercar la fe a quienes no la tienen, incrédulos o agnósticos. Y como considera que su misión consiste precisamente en «acercarles» la fe, en hacérsela comprensible, lucha en sus libros y artículos por volverla digerible, por servírsela en la bandeja de la mayor modernidad. Y hasta aquí yo estoy absolutamente de acuerdo con él. La cosa cambia cuando analizo los métodos que usa para tal acercamiento: ofrecerles lo que hoy se llamaría un cristianismo «light», desvitaminizado, descalorificado, rebajado, recortado en todo lo que exige la «tragadera» de la fe. ¿Que a la gente le cuesta aceptar ciertos dogmas? Pues se les maquilla, se les reduce a fórmulas más o menos simbólicas de tiempos en que no imperaba la razón y que ahora pueden muy bien ser sustituidos por afirmaciones flotantes, cuando no de hacerlos desaparecer. ¿Que es duro asumir desde ojos humanos la divinidad de Cristo? Pues se «aclara» y se dice que realmente Cristo no fue Dios ni nunca se proclamó como tal, que realmente fue un hombre a través del cual se mostró Dios de modo excepcional; Él fue la transparencia de Dios, pero siendo en sí mismo un solo y puro hombre. Y así ocurre con todo. Al fin queda un cristianismo papilla que es una mezcla de buena voluntad, de religiones orientales, de explicaciones supuestamente más científicas, con una mezcla de cristianismo-agnosticismo en la que ya no hay que creer nada fijo, dado que, según mi amigo, todas las verdades son oscilantes; el hombre no puede llegar a poseer ninguna, sino, cuando más, a girar lejanamente en torno a ellas.

Al hacer todo esto con el Evangelio, mi amigo no hace nada que no sea muy normal en nuestro tiempo. Porque en todos los temas hoy se tiende a lo «light»: desde la coca-cola hasta la vida cultural, política, social, ética. Todo se rebaja, todo es acomodaticio, todo transitorio. ¿Hace falta aludir a las muchas historias que en los últimos meses han convulsionado a nuestra sociedad? Trapichear con el dinero o las influencias es democracia «light». Jugar con los matrimonios es fidelidad «light». Hasta los tribunales parecen a veces querer ser justicia «light». Rebajar, rebajar parece ser la consigna del hombre contemporáneo. Para combatir la intransigencia se implanta una tolerancia absoluta, olvidándose de que ciertamente hay que combatir la intolerancia –que es la manera de «imponer» la verdad a la fuerza–, pero sin confundirla con el amor a la verdad, que es, a la vez, respetuoso y firme. Y lo mismo sucede con esa libertad «light» que hoy impera y que consiste en hacer lo que a uno le da la gana y no en hacer libremente lo que se debe hacer.

Pero tal vez exageramos creyendo que este mal es algo de nuestro tiempo, cuando es algo del egoísmo humano que atraviesa, por tanto, todos los siglos. Concretamente ayer, leyendo a Newman, me impresionó ver cómo él hacía, referido a su siglo, el mismo diagnóstico que hago yo sobre el nuestro.

«¿Cuál es ahora –escribe– la religión del mundo? Ha asumido el lado más brillante del Evangelio: sus noticias consoladoras, sus preceptos de amor. Mientras tiene relativamente olvidados los preceptos más hondos, más oscuros, sobre la condición humana y sus perspectivas. Se prescinde del lado exigente del Evangelio, considerando que basta con ser cortés, amable y sincero, pero sin verdadero celo por Dios ni aborrecimiento profundo del pecado, sin el sentido de autoridad de la religión en cuanto externa a nuestra mente; en una palabra, sin seriedad».

Sin seriedad, es cierto. Con la más apabullante frivolidad. Porque es cierto que quizá en tiempos pasados se acentuó desmesuradamente la zona oscura del Evangelio, pero eso no justifica que ahora nos quedemos con la mitad, lo mismo que los autoritarismos de ayer no dan validez a los estallidos de mediocridad pública que hoy padecemos.

Ya sabemos que el amor y el servicio a la verdad, que la entrega al cumplimiento del propio deber, que el amor efectivo a los demás, son tareas cuesta arriba. Pero la solución no será en ningún caso irlas rebajando para que resulten más «digeribles». Que la verdad, toda verdad es dolorosa y que hay que dejarse la piel en su búsqueda es cosa conocida. También el alpinismo es arriesgado y al escalador se le llenan de grietas los dedos y rodillas, pero no por eso vamos a empezar a hacer alpinismo en la llanura. Y presentar la vida, la verdad o la fe como un paisaje únicamente paradisíaco, para que les resulte más atrayente, no es un servicio ni a los jóvenes que empiezan la vida, ni a los buscadores de la verdad, ni a los agnósticos sin fe; es simplemente darles gato por liebre, para engañarles, haciéndoles creer que la vida, la verdad o la fe «light» son la vida, la verdad o la fe enteras y verdaderas.

## 101
## LA SANTA FEA

Hay algo que nunca he logrado entender del todo: el peso que la belleza física de las personas tiene en los juicios que los demás humanos emitimos sobre ellas. Un hombre y, sobre todo, una mujer hermosa tienen andado medio camino para que nos sintamos atraídos y juzguemos benévolamente sus acciones. Sabemos perfectamente que, valorada rectamente, la belleza es algo secundario y transitorio y, sin embargo, resulta que, con mucha frecuencia, acaba siendo decisiva en el desarrollo de muchas vidas. Confucio decía que «todavía no había encontrado a nadie que amase tanto la virtud como la belleza del cuerpo». Y, por mucho que nos duela, tenemos que reconocer que esta afirmación es, en la práctica, verdadera. Todos aseguramos, en teoría, que medimos a las personas por la calidad de sus almas, por el valor de sus acciones, por el calibre de su inteligencia, pero a fin de cuentas vemos que en realidad, al lado de la belleza, el espíritu y el corazón siempre nos parecen unos parientes pobres. Estamos segurísimos de que, como decía Tolstoi, «es una extraña ilusión creer que la belleza es bondad», pero en esa ilusión incurrimos todos los días. Con una injusticia monstruosa hacia las personas feas, lo reconocemos. Pero también sabemos, si somos sinceros, que mientras el feo o la fea tienen que demostrar la calidad de sus almas, a la persona hermosa se la suponemos. Luego, tal vez, nos defraudará y reconoceremos lo vacío de esa hermosura, pero los primeros tantos los tiene ganados. Y si el hermoso resulta, además bueno, pensaremos, como Virgilio, que «incluso la virtud es más hermosa en un cuerpo hermoso». ¿Por qué todo esto? ¿Por qué valoramos como mérito lo que sabemos que no lo es? Y, sobre todo, ¿por qué hacemos tan cuesta arriba la vida de seres que ninguna culpa tienen en su posible fealdad?

Todos estos pensamientos me surgen al leer estos días la vida de santa Juana de Francia (o de Valois), la santa fea. Porque resulta que hasta en eso de la santidad valoramos decisivamente la belleza y nos gusta que los santos, en los altares, sean todos guapos. Si lo fueron, porque lo fueron; si no, porque el escultor o el pintor de turno se encargan de atribuirles un encanto que no tuvieron en vida.

Pero la cosa es un poco más difícil en esta santa Juana, fea, cheposa y coja, cuya santidad tanto tuvo que ver con su fealdad y cuya vida se construyó toda en torno al desprecio por sus nulas dotes físicas. En 1464, Carlota de Saboya, la esposa de Luis XI, esperaba el nacimiento de su segundo hijo. Y el rey y toda la corte deseaban un varón, después de la primogénita Ana. Pero nació mujer y, además, feísima de rostro y deforme de cuerpo a causa de una desviación en la cadera que no cesaría de crecer en toda su vida.

Su padre, el rey, malhumorado, no quiso ni ver a la pequeña y mandó que la aislaran de la corte y la condujeran al castillo de Linières, en el Berry. Y allí creció la pequeña sin ver jamás a su padre y a su madre. Cuando el padre, casualmente, pasa por Linières en alguna cacería, comenta brutalmente con el señor del castillo que no sabe a qué espera para matar a esa hija contrahecha que le ha nacido en lugar de un varón.

Y todo sigue así hasta que a Luis XI le resulta útil para uno de sus engranajes políticos. Siendo aún una chiquilla, concertó su matrimonio con el hijo del duque Carlos de Orleáns, con quien le conviene emparentar. Cuando Luis, el supuesto marido, conoce la deformidad de su prometida, no quiere saber nada de ella. Y cuando, forzado, acepta el matrimonio, ni siquiera mira a su esposa durante la ceremonia y la deja en el calvario de una nueva y mucho más grave soledad. Porque Juana, por contra, ama sincera y tiernamente al marido que la tortura. Y le defenderá cuando caiga en desgracia y sea encarcelado. Pero el agradecimiento de Luis es, cuando años más tarde asciende al trono, un proceso de nulidad que, basado en lo forzado de su matrimonio, deja a Juana ni soltera ni casada ni viuda.

Que estuviera a punto de desesperarse es bien comprensible. Pero, como ella misma cuenta «en ese momento, Dios me concedió la gracia de comprender que Él así lo permitía para que realizase un gran bien. Y que, ahora, sin sujeción a ningún hombre, podría hacerlo plenamente». Ese gran bien era la fundación de una orden religiosa en honor a la Virgen, que venía soñando ya desde pequeña.

En ella fue un ejemplo de virtud y ya en vida fue considerada santa. En 1742 fue beatificada y, con dos siglos de retraso, en 1950, la canonizó Pío XII.

Habrá que dar gracias a Dios de que, al menos en este campo de la santidad, no cuente la gran injusticia de la supervaloración de la belleza física, de que al menos Dios no se fije en los cuerpos contrahechos, sino en las almas luminosas. Porque ya es bastante triste eso de que en la tierra la falta de belleza se convierta en un doloroso hándicap que obliga a algunos a vivir cuesta arriba.

## 102

## LOS MALENTENDIDOS

«El Norte de Castilla», al cumplir los ciento treinta y cinco años de su historia, ha publicado un amplio número extraordinario en el que cuenta este siglo y pico con el lenguaje con el que el periódico fue narrándolo antiguamente. E impresiona leer algunas de sus páginas. Por ejemplo, una en la que habla de la proclamación del dogma de la infalibilidad en 1870. Al decir de las agencias telegráficas de la época, «la lectura del decreto fue recibida con una nutrida salva de aplausos de los prelados infalibilistas, entusiasmados sin duda por este nuevo elemento, a favor del cual piensa la teocracia recobrar su dominio sobre los pueblos». Y añade que, en cambio, otro grupo de prelados se abstuvo de aplaudir, «manifestando de esta manera la honda pena que debe causarles ver el catolicismo arrojado por una pendiente funesta, merced a la soberbia intolerante de un partido político que se ha propuesto detener el vuelo del progreso moderno».

Cuando uno lee estas cosas siente que se le abre la boca por el asombro. ¿Pero qué demonios tendrá que ver el dogma de la infalibilidad con la teocracia o el dominio político sobre los pueblos? ¿Desde cuándo ese dogma se proclamó para detener el vuelo del progreso moderno? ¡Pero si la infalibilidad papal se reduce estrictamente a una garantía dada por Dios para la interpretación de la verdad revelada, que no habla de política ni de dominios mundanos, ni del progreso del ferrocarril o de las ciencias!

Y la cosa me habría sorprendido aún más si no resultara que hace algunos años hice un largo trabajo sobre los modos en que la prensa española de la época contó el Vaticano I. ¿Con qué conclusiones? Con la fundamental de que nadie en España se enteró de la verdad de lo que en aquel concilio se discutía, porque al pobre lector de la época lo único que le contaron fueron luchas políticas que nada tuvieron que ver con la realidad de aquel concilio. Es cierto: un largo, un enorme malentendido cruzó por toda Europa tanto durante el concilio como con motivo de la definición dogmática de la infalibilidad. Y lo verdaderamente grave del asunto es eso: sobre ese malentendido se han construido en todo el siglo XIX y en el XX las relaciones de la Iglesia con los Estados y con el mundo contemporáneo. ¡La de millares de humanos que habrán abandonado la fe por creerse que la Iglesia era ese coco cavernícola que les contaban! ¡La de cristianos que habrán tenido que tragarse desprecios e injurias por pertenecer a una comunidad que, según decían, se oponía al progreso y estaba ligada a las fuerzas reaccionarias! ¡Y todo por un malentendido, un gigantesco malentendido!

Este hecho tremendo me ha hecho pensar en lo universal del fenómeno; porque no sólo en las relaciones Iglesia-Mundo ha funcionado ese malentendido, sino que los malentendidos están en el fondo del 90 por 100 de los conflictos humanos, desde las guerras hasta las desavenencias entre los esposos.

Yo les invito a ustedes a examinar las realidades más próximas: cuando tú, muchacho, has reñido con tus padres, ¿lo has hecho por motivos realmente hondos y serios o más bien porque no habéis sabido explicaros, pensando, como pensabais, los dos lo mismo en el fondo? ¿Y cuando el marido riñe con su mujer o el amigo con su amigo, no será ocho de cada diez veces fruto de un malentendido que se hubiera podido superar simplemente con charlar tranquilamente sobre él?

Los hombres riñen dos de cada tres veces porque desconfían los unos de los otros, imaginan quién sabe qué intenciones detrás de la palabra más inocente, quieren que sus vecinos piensen redondo si yo tengo la cabeza redonda y cuadrado si mis ideas son cuadradas. Y puede que sean las mismas ideas, vertidas a través de experiencias y formas de expresión distintas.

Por eso, si cuando vamos a reñir tuviéramos la serenidad suficiente para aplazar la riña para otro día en que los dos estemos más tranquilos y podamos expresarnos con mayor serenidad y claridad, la casi totalidad de las discusiones desaparecerían.

Cuentan de un hombre que durante la noche, en una selva oscura y solitaria, escuchaba aterrado los latidos de su propio corazón, que le parecían los de un gigantesco enemigo. Y de pronto le vio. Le vio allá lejos, una sombra terrible que le dejó la sangre congelada en las venas. Le veía avanzar hacia él y parecía un amenazador y enorme orangután, cuyas pisadas sacudían el suelo al andar. ¿Qué haría? ¿Correr? Imposible escapar en aquella soledad. ¿Esconderse? El animal parecía haberle visto ya, pues venía hacia él en derechura. ¿Defenderse con el cuchillo que tenía? Ésa era su única esperanza. Se escondió tras un árbol y esperó, mientras su corazón latía cada vez más aceleradamente. Pero según se acercaba la sombra, ésta se empequeñeció. Y ahora podía ver con claridad que no era un orangután, sino un hombre. ¿Un amigo? Mantuvo bien apretado en su mano el cuchillo, no se le echara encima sin que él se diera cuenta. Y la figura avanzaba y avanzaba. Y en aquel momento un rayo de luna iluminó el rostro del que venía, y el hombre perdido en la selva descubrió que aquel que llegaba era su hermano y que venía con los brazos bien abiertos para abrazarle.

Fue un malentendido lo que produjo todos sus miedos. Y pudo aquel malentendido ser causa de la muerte tal vez de los dos. La luz aclaró lo que la sombra oscurecía. Y es que los hombres no reñimos por maldad, sino por falta de luz, por falta de diálogo, por sobra de malentendidos.

# 103
# LA ÚLTIMA CASTAÑERA

La semana pasada ha muerto en Madrid, Caridad, la más antigua de las castañeras de la ciudad. Desde hace sesenta y tres años estaba allí, en una de las esquinas de Tirso de Molina, vendiendo paquetitos en los que uno no sabía muy bien si lo que compraba eran castañas, un puñado de calor o un trozo de sonrisa. Y estuvo allí con lluvias y fríos, arrebujada en una bufanda de lana cuando hacía frío o en un pañolón pardo durante los días de solecillo. Estaba allí porque le gustaba ver el movimiento de la gente, charlar con sus clientes, dar trocitos de cielo en forma de castaña a los niños. En los últimos años, cuando sus hijos se habían ya colocado todos y le insistían en que se quedara en casa, ella se empeñó en que su puesto era aquel y que se moriría si no lo ocupaba. Sólo faltó los últimos ocho días que precedieron a su muerte. Y ahora aquella esquina de Tirso de Molina se ha quedado como muerta; hace más frío en ella y, cuando uno pasa, se siente como un poco huérfano, ahora que no puede uno llevarse las dos cosas que, durante un buen rato, te calentaban: la sonrisa de Caridad y el pequeño horno portátil de las castañas calientes.

Yo, que vivo en la otra punta de la ciudad, no podía evitar, cuando pasaba por el centro, el darme un rodeo para comprarle 100 pesetas de castañas, tal vez porque me retrotraían a mi infancia, cuando se las compraba por una perra gorda a la señora Macaria, la vieja castañera de Astorga de la que habla Leopoldo

Panero en uno de sus poemas, viéndola, tras su muerte, en las manos de Dios.

> *Y estará sentada*
> *a la diestra del Padre, y no habrá nieve*
> *ni cellisca cansada contra el rostro...*
> *Y estará sentada con sus faldas*
> *huecas y con su pobre movimiento*
> *de dulzura interior, allá en su sitio...*

¿Habrá, me pregunto, castañeras en el cielo? ¿Habrá esquinas heladas en las que los pobres, los pequeños seres de este mundo, puedan tener ocasión de seguir ofreciéndonos su ternura, su amor?

Y se me va poblando la cabeza de todos esos seres sin importancia que tantísima han tenido en mi vida. Recuerdo a Evencio, el ciego que repartía en Astorga los recibos de Ánimas y de la Adoración Nocturna. Y a Rosario, que hacía mis camisas de niño y que me regaló, sin estrenar, las que había hecho para su hijo cuando lo mataron en la guerra. Y al hermano portero de los Redentoristas que nos regalaba papelitos transparentes con imágenes del Perpetuo Socorro y que curaban los dolores de garganta y no sé si daban indulgencias. Y al señor Prudencio, el pertiguero de la catedral, que me enseñó todo cuanto sé de cigüeñas. Y la señora Cesárea, que me regalaba una rosquilla tonta cada vez que yo iba a comprarle una hogaza. Y a Fernando, el otro ciego que vendía cupones y lotería en una esquina de la calle de Santiago y que me conocía por mis pisadas y cuando yo iba hacia la parroquia. Y a don Romualdo, el sacristán de Nava del Rey con quien cada año veía yo el encierro de toros desde la torre de la iglesia catedral del pueblo de mi madre. Y a Serapio, el mozo de casa de mis abuelos, con quien por primera vez monté a caballo. Y a Julián, el barquillero, que en el jardinillo de Astorga nos vendía obleas casi con sabor a sacramento. Y a tantos, tantos otros seres «insignificantes», pero sin los cuales yo no habría conocido la mitad de ternura de este mundo. Todos ellos, pienso yo, estarán ahora «allá en su sitio», en su cielo, ya que difícilmente sería este completo si no existieran en él esquinas con barquilleros, heladeros, castañeras, vendedores de periódicos, lecheros y toda la demás pequeña gente que son, –¡sin que nos demos cuenta!– el jugo de la vida.

El cardenal Newman cuenta que, siempre que soñó con el cielo, lo imaginó con las características de su pueblo de niño. Y apostilla uno de sus biógrafos: «Feliz el hombre cuyo cielo es el hogar familiar. Sí, felices los que no necesitan ir al cielo para conocerlo, porque ya han estado en él de pequeños».

Ya sé que en los anuarios del mundo no son precisamente esos los importantes. La historia (lo que llamamos historia) se organiza en torno a los grandes, a los poderosos. En sus listas aparecen políticos, banqueros, grandes escritores, ilustres magnates. No hablará jamás de los Evencio o las señoras Macaria, pero ¿quién sostiene de veras el mundo? ¿De dónde brota el río subterráneo de bondad que corre por las entrañas de la Humanidad, por debajo de las guerras y los debates parlamentarios? ¿Desde cuándo una madre desconocida es, en realidad, menos importante que un embajador o un ministro?

Esperemos que «arriba» sean más inteligentes. Y que en el «Libro de la vida», del que habla san Pablo, estén escritos en primera fila los nombres de los realmente importantes. Y que las castañeras –sin nieve ya, sin cellisca en los ojos– puedan seguir vendiendo por todas las esquinas paquetitos de amor a perra gorda.

## 104

## «UNOS ESPÁRRAGOS, SI LOS HUBIERA»

Corría el 28 de septiembre de 1591 cuando aquel frailecillo («medio fraile» le llama su amiga santa Teresa), enfermo de calentura, con una pierna inflamada (una pierna de la que, dos días después, al sajarla, saldrán «dos tazones de pus» asombrosamente bienolientes), salía de La Peñuela camino de Úbeda. Va a lomos de un machuelo cedido por un amigo y le acompaña un mozo, un muchacho joven. El fraile va agotado. Él sabe que va hacia la muerte, pero eso no le impide gozar de la belleza incomparable del paisaje que cruzan: la plácida hondonada oculta entre altos cerros de suaves cumbres redondeados, la vega silenciosa por la que cruza un río entre álamos y adelfas. Al cruzar este río, el Guadalimar, por el viejo puente romano de cinco arcos, nuestro fraile, Juan de la Cruz se llama, no puede más e invita al mozo a descansar bajo uno de los arcos. Lo hacen, y el mozo, que sabe que el fraile lleva tres o cuatro días en los que «no ha podido comer cosa de provecho», insiste en preguntarle si quiere algo. Lo ha hecho ya cuatro veces y las cuatro ha recibido la misma respuesta: no. Juan no quiere nada, la misma fatiga le ha vuelto inapetente. Pero, al fin, a la quinta pregunta, el mozo recibe una respuesta sorprendente: al fraile le gustarían «unos espárragos, si los hubiera». El mozo le mira sorprendido: sabe que septiembre no es tiempo de espárragos en aquellas latitudes. Pero, más asombrado aún, ve que sobre una piedra del río hay abandonado un manojo de espárragos trigueros («espárragos de pan» los llamaban entonces), que no se sabe quién ha puesto allí. Se lo hace notar al santo y éste le pide que gire por los alrededores para tratar de encontrar a su dueño. Mas nadie aparece en aquellas soledades. «Id y tomadlos –dice el fraile– y poned una piedra donde están y sobre ella cuatro maravedíes, no se vea su dueño defraudado».

Cuando llegan a Úbeda, mientras el cocinero guisa los espárragos, cuando todos los frailes los tocan y huelen como si se tratara del fruto de un milagro, Juan de la Cruz contaba «por modo de risa» lo extraño del hallazgo y explicaba cuán bueno es Dios que ha hecho en el mundo cosas tan sabrosas.

Y es que todo es gracia y milagro para los que aman y para un verdadero santo tan prodigioso es que los espárragos nazcan en la tierra y en primavera como sobre una piedra y a finales de otoño.

Por esa misma razón, a su amiga santa Teresa le sabía a gloria aquel solitario higo. Esto ocurría también en septiembre, pero en el 1582. Iba la madre camino de Alba de Tormes y lo hacía «con tantos dolores y flaquezas» que, al llegar a un lugarcito cerca de Peñaranda, le dio un desmayo que a quienes la acompañaban «les hizo gran lástima verla». La madre gimió y dijo a una de sus compañeras: «Hija, deme si tiene algo, que me desmayo». Y no tenían sino unos higos secos. Reunieron entonces todo el dinero que tenían y mandaron a buscar por los alrededores unos huevos, costasen lo que costasen. Pero nada hallaron. Y fue entonces la moribunda quien tuvo que consolar a sus compañeras: «No lloréis, hijas, que esto quiere Dios ahora». Y las animaba diciendo que «demasiado de buenos eran aquellos higos, que muchos pobres no tenían aquel regalo, que ella estaba contenta con un higo que había comido».

Y así es como unos espárragos o un higo pueden llegar a un alma que desea muy poco fuera de amar y de servir a Dios. Porque un santo es alguien que tiene pocos deseos y todos sustanciales. Mientras que nosotros somos gentes perpetuamente defraudadas porque no se nos sacian los mil deseíllos que nos van llenando cada día. Nos parece que nos será imposible vivir sin esto o sin aquello y no pensamos que sin eso están viviendo millones y millones de seres y que nosotros mismos hemos vivido y podemos seguir viviendo perfectamente sin que se sacien tales deseos. No es corazón lo que nos falta, sino ambiciones inútiles lo que nos sobra. Y no estoy criticando, naturalmente, el hambre de mejorar, sino el hambre de poseer. Porque se puede mejorar con muy poquitas cosas y lo difícil es que el alma mejore cuando antes la hemos llenado de la chatarra de miles y miles de deseos innecesarios.

Además, sucede aquello que comentaba Séneca: «Que nunca se disfruta de un bien adquirido con demasiada ansia o ambición. Porque, una vez conseguido, en lugar de usarlo y saborearlo, sólo se piensa en aumentarlo».

Tal vez ésta sea la tragedia de no pocos humanos: que aspiran tanto a subir (en posesión, en placer, en poder, en riqueza), que cuando han subido un escalón no tienen ni el tiempo ni el gusto de contemplarlo porque ya están soñando en el escalón siguiente. Y acaban sometiéndolo todo (la ética entre otras cosas) a la idea de ascender, olvidándose de que en la vida ocurre como en las cimas de las montañas: que a ellas sólo llegan las águilas y los reptiles. Por lo que muchos, que no son águilas, acaban siendo reptiles para subir.

Pero los pobres se morirán sin conocer el dulce sabor de un higo comido con amor o el de unos espárragos que la vida nos pone en la mano.

# 105
# ORACIÓN A MARÍA DE UN HIJO AGRADECIDO

Esta tarde, en televisión, alguien lanzó una serie de ironías sobre la maternidad y puso a María, la Virgen, como un modelo antifemenino. Y no pude evitarlo: corrí a la máquina y escribí esta líneas:

> *Te doy gracias, María, por ser una mujer.*
> *Gracias por haber sido mujer como mi madre*
> *y por haberlo sido en un tiempo en el que*
> *ser mujer era como no ser nada.*
> *Gracias porque cuando todos te consideraban*
>     *una mujer de nada*
> *tú fuiste todo,*
> *todo lo que un ser humano puede ser y mucho más,*
> *la plenitud del hombre, una vida completa.*
> *Gracias por haber sido una mujer libre y liberada,*
> *la mujer más libre y liberada de la historia,*
> *la única mujer liberada y libre de la historia,*
> *porque tú fuiste la única no atada al pecado,*
> *la única no uncida a la vulgaridad,*
> *la única que nunca fue mediocre,*
> *la única verdaderamente llena de gracia y de vida.*
> *Te doy gracias porque estuviste llena de gracia*
> *porque estabas precisamente llena de vida;*
> *porque estuviste llena de vida*
> *porque te habían verdaderamente llenado de gracia.*

*Te doy gracias porque supiste encontrar la libertad*
  *siendo esclava,*
*aceptando la única esclavitud que libera,*
*la esclavitud de Dios,*
*y nunca te enzarzaste en todas las otras esclavitudes*
*que a nosotros nos atan.*
*Te doy gracias porque te atreviste a tomar*
  *la vida con las dos manos.*
*Porque, al llegar el ángel,*
*te atreviste a preferir tu misión a tu comodidad,*
*porque aceptaste tu misión sabiendo que era cuesta arriba,*
*en una cuesta arriba que acababa en un Calvario.*
*Gracias porque fuiste valiente,*
*gracias por no tener miedo,*
*gracias por fiarte del Dios que te estaba llenando,*
*del Dios que venía, no a quitarte nada,*
*sino a hacerte más mujer.*
*Gracias por tu libertad de palabra cuando hablaste a Isabel.*
*Gracias por atreverte a decir que Dios*
*derribaría a los poderosos,*
*sin preocuparte por lo que pensaría Herodes.*
*Gracias por haber sabido que eras pobre*
*y que Dios te había elegido precisamente por ser pobre.*
*Gracias porque supiste hablar de los ricos*
*sin rencor, pero poniéndolos en su sitio:*
*el vacío.*
*Gracias porque supiste ser la más maternal de las vírgenes,*
*la más virginal de las madres.*
*Gracias porque entendiste la maternidad*
*como un servicio a la vida ¡y qué Vida!*
*Gracias porque entendiste la virginidad*
*como una entrega ¡y qué entrega!*
*Gracias por ser alegre en un tiempo de tristes,*
*por ser valiente en un tiempo de cobardes.*
*Gracias por atreverte a ir embarazada hasta Belén,*
*gracias por dar a luz donde cualquier otra mujer*
*se hubiera avergonzado.*

*Gracias por haber sabido ser luego una mujer de pueblo,*
*por no haber necesitado ni ángeles, ni criadas*
*que te amasaran el pan y te hicieran la comida,*
*gracias por haber sabido vivir sin milagros ni prodigios*
*gracias por haber sabido que estar llena*
*no era estarlo de títulos y honores, sino de amor.*
*Gracias por haber aceptado el exilio,*
*por asumir serena la muerte del esposo querido.*
*Gracias por haber respetado la vocación de tu Hijo*
*cuando se fue hacia su locura,*
*por no haberle dado consejitos prudentes,*
*gracias por haberle dejado crecer y por*
*sentirte orgullosa de que Él te superase.*
*Gracias por haber sabido quedarte en silencio*
*y en la sombra durante su misión,*
*pero sosteniendo de lejos*
*el grupo de mujeres que seguían a tu Hijo.*
*Gracias por haber subido al Calvario*
*cuando pudiste quedarte alejada del llanto,*
*por aguantar al lado del sufriente.*
*Gracias por aceptar la soledad de los años vacíos.*
*Gracias por haber sido la mujer más entera*
*que ha existido nunca*
*y gracias, sobre todo, por haber sido*
*la única mujer de toda la historia que*
*volvió entera a los brazos de Dios.*
*Gracias por seguir siendo madre y mujer en el cielo,*
*por no cansarte de amamantar a tus hijos de ahora.*
*Gracias por no haber reclamado nunca con palabras vacías*
*tu derecho de mujer en la Iglesia,*
*pero al mismo tiempo haber sido de hecho*
*el miembro más eminente de la Iglesia,*
*la primera redimida,*
*por ser entre los hombres y mujeres todos de la tierra*
*la que más se ha parecido a tu Hijo,*
*la que más cerca ha estado y está aún de Dios.*

## 106

# EL «PADRE NUESTRO» DE DIOS

Hoy (como uno de esos latigazos que te cruzan de pronto la cabeza y te dejan como traumatizado) he sentido, con una especie de vértigo y con algo parecido a la pena, que me dolía el alma al descubrir que hay algo en lo que Dios –con toda su omnipotencia– tiene mucha menos suerte que los humanos: Él no puede rezar el «Padre nuestro». Y es que, en rigor Dios es el único huérfano entre todos los seres que existen. Porque, si a los humanos se nos muere el padre de la tierra, tenemos siempre, como gozosa alternativa, al gran padre que es Él. Pero ¿y Él? ¿A qué padre podría acudir si un día sintiese (si pudiera sentir) tristeza? ¿A quién le reza Dios cuando las cosas no le van bien? ¿O todo le va bien? ¿O no le duele la suciedad de este mundo que es suyo? ¿Nunca necesita Dios ser sostenido, como en el Huerto lo precisó su Hijo? ¿Se sostienen entre sí las tres divinas personas? ¿Es tan potente su alegría interior que todas las penas le rozan sin herirle? Cuando su amor se ve –¡tantas veces! ¡tantos millones de veces!– defraudado, ¿sobre qué hombro llora?

Sé muy bien que todo esto que estoy diciendo es terriblemente humano y, por tanto, falso aplicado a Dios. Pero el Dios-autor de toda ternura, ¿nunca sangrará al saberse olvidado o despreciado?

Pensando en todo esto, he sentido que casi se me desbordaba el corazón al encontrar, en un pequeño libro del padre Peñalosa, una idea que jamás se me había ocurrido: ¿Reza Dios? ¿Cómo podría ser el «Padre nuestro» de Dios? ¿De qué tipo podría ser la oración con la que Dios contesta cada vez que los ojos de los hombres se alzan al cielo y ponen en sus labios –millones de veces en el planeta– esas dos palabras milagrosas: Padre nuestro?

Y pienso –sobre el esquema de mi amigo– que esa oración podría ser algo parecida a ésta:

> *Hijo mío que estás en la tierra,*
> *preocupado, solitario, tentado,*
> *yo conozco perfectamente tu nombre*
> *y lo pronuncio como santificándolo,*
> *porque te amo.*
> *No, no estás solo, sino habitado por Mí,*
> *y juntos construimos este reino*
> *del que tú vas a ser el heredero.*
> *Me gusta que hagas mi voluntad*
> *porque mi voluntad es que tú seas feliz,*
> *ya que la gloria de Dios es el hombre viviente.*
> *Cuenta siempre conmigo*
> *y tendrás el pan para hoy, no te preocupes,*
> *sólo te pido que sepas compartirlo con tus hermanos.*
> *Sabe que perdono todas tus ofensas*
> *antes incluso de que las cometas;*
> *por eso te pido que hagas lo mismo*
> *con los que a ti te ofenden.*
> *Para que nunca caigas en la tentación*
> *cógete fuerte de mi mano*
> *y yo te libraré del mal,*
> *pobre y querido hijo mío.*

¿Es así? ¿No es así? ¿Quién puede saber los pensamientos de Dios? Realmente lo único que sabemos de Él es lo que Él mismo ha querido decirnos. Y en la Biblia nos ha explicado de mil maneras que Él nos ama mucho más de lo que podamos sospechar; que él quiere a los hombres más que la gallina a sus polluelos. Que una madre puede llegar a traicionar a sus hijos, pero que Él jamás traicionará ni abandonará a los suyos; que Él cuida con amor hasta cada uno de los cabellos de nuestra cabeza.

A veces la gente me pregunta por qué me siento feliz. Y la respuesta es muy simple: Porque me siento querido. Por muchos hombres, pero sobre todo, por Él. Porque nunca me he sentido abandonado. Porque experimento su ternura incluso en la oscuridad y en el dolor.

Y, claro, cuando uno se sabe querido, ¿qué cuentan ya la oscuridad o los problemas? Este y no otro fue el misterio de la alegría de Jesús: sentía a su Padre en su interior y hasta en la piel de sus dedos; vivía con Él y de Él; respiraban juntos; unidos hacían los milagros; y hasta el abandono en la cruz era una forma –paradójica, misteriosísima– de predilección pues, a través de esa cruz, estaba Jesús siendo lo más importante que sería jamás: Redentor de todos sus hermanos. Hasta ese abandono era fecundidad.

Cuando Jesús enseñó a sus discípulos a rezar el «Padre nuestro» sabía muy bien lo que estaba diciendo. Estaba abriendo de par en par –¡nada menos!– el mismo corazón de Dios.

CARDINAL BERAN LIBRARY
ST. MARY'S SEMINARY

3 3747 00059 4330

BX 2350.2 .M3458 v.4 2002
Martín Descalzo, José
Razones para vivir

| DATE DUE | | | |
|---|---|---|---|
| | | | |
| | | | |
| | | | |
| | | | |
| | | | |
| | | | |
| | | | |
| | | | |
| | | | |
| | | | |
| | | | |
| | | | |
| | | | |

066375

**CARDINAL BERAN LIBRARY
ST. MARY'S SEMINARY**
9845 Memorial Drive
Houston, Texas  77024